Programa de Aprendizaje Acelerado:

21 Técnicas Avanzadas y Estrategias para Hackear la Mente. Domina la Lectura Rápida, Aumenta el CI y Mejora la Concentración. Crea Hábitos Diarios de Atención Plena.

Table of Contents

Table of Contents 2
Introducción 11
¿Qué es el Aprendizaje Acelerado? 16
   Aprendizaje Acelerado: Una Historia 16
   Aprendizaje acelerado tal como lo conocemos hoy en día 18
   ¿Cómo aplicas el Aprendizaje Acelerado en tu vida? 20
Capítulo 1: Aprender como un Estilo de Vida 22
   Preparando la mentalidad para el crecimiento 23
   Encontrando Motivación 24
   Un Enfoque Fisiológico para el Aprendizaje 26
Capítulo 2: Método DiSSS 29
   Deconstrucción 29
   Selección 30
   Secuenciación 32
   Apuestas 33
Capítulo 3: Mezclando las cosas con la práctica intercalada 35
   Asegúrate de que las habilidades y disciplinas que entrelazas estén relacionadas. 39
   Estudiar de forma no lineal. 40
   Incorpora otras estrategias de aprendizaje en tu práctica interleaved. 41
   No te rindas ante la falta de gratificación instantánea. 42
Capítulo 4: Método PACER 43

Prepara tu Estado de Aprendizaje 43

Adquiere las habilidades y el conocimiento 44

Cementa tu aprendizaje. 46

Examinar y Aceptar 47

Revisar, modificar y recompensar 47

Capítulo 5: Mapas Mentales 49

Enfócate en el tema central principal 51

Sintetiza todos los datos 51

Utilizar ayudas visuales e imágenes 52

Crear presentaciones visuales 52

Recopilar comentarios de otros 54

Capítulo 6: Dispositivos Mnemotécnicos 55

Capítulo 7: El Arte de la Lectura Rápida 59

Preparación 60

Definiciones y Distinciones del Proceso de Lectura 61

Minimizar la duración y el número de fijaciones por línea 61

Eliminar la regresión y el retroceso. 61

Aumentar la visión periférica horizontal y el número de palabras registradas por fijación. 62

Protocolo 62

Determinar una línea base 63

Rastreadores y Marcadores 64

Expansión perceptual 65

Calcula tu nueva velocidad de lectura (PPM) 67

Solicitud 67

Capítulo 8: Aprendizaje acelerado a través de una toma de notas efectiva 69

    El Método Cornell 70

        Notas 71

        Cues 71

        Resumen 72

    El Método de Mapeo 72

    El Método de Esquematización 72

    El método de trazado 73

    El Método de la Oración 75

Capítulo 9: Luchando contra la procrastinación para acelerar el aprendizaje. 76

    Establezca su objetivo y póngase una fecha límite. 77

    Divide tu objetivo en partes más pequeñas. 79

    Visualiza tu éxito futuro. 79

    Convierte tu miedo en algo positivo 80

    Deja que otros te hagan responsable. 80

    Recompensa cada hito 80

    Sé valiente y comienza hoy. 81

Capítulo 10: La técnica de Feynman 82

    Identificar el Tema Principal y Escribir Todo lo que Sabes al Respecto 83

    Toma un concepto de tu lista y amplíalo utilizando tu conocimiento previo. 83

    Imagina enseñar o presentar estos temas a otras personas 84

    Identificar las áreas potenciales de problemas en las que tienes dificultades para explicar 84

Regrese y complete los espacios en blanco y luego repita los pasos 2 y 3. 85

Simplifica aún más tu presentación utilizando analogías. 85

Si estás dispuesto, intenta enseñar el concepto a otros. 86

Capítulo 11: Aprendiendo a través de la Escucha 87

¿Por qué somos tan malos escuchando? 88

No escuchas lo que no te interesa. 88

Criticas al mensajero, pero no al mensaje. 89

Tú toleras muchas distracciones. 89

Intentas eludir temas difíciles y desafiantes. 90

Dejas que tus emociones se apoderen de ti .. 90

Te atienes a solo un punto de vista 91

¿Cómo mejoramos nuestra escucha para acelerar el aprendizaje? 91

Ve a donde crees que va el orador. 92

Enfócate en los puntos o argumentos de apoyo. 92

Toma nota de resúmenes mentales mientras estás escuchando. 93

Capítulo 12: Aprendizaje Experiencial 94

Razones por las que el aprendizaje experiencial es una forma transformadora de aprendizaje. 95

Acelera el aprendizaje. 95

Ofrece un entorno de aprendizaje cómodo y seguro. 96

Aumenta el nivel de compromiso de una persona. 96

Ayuda a cerrar la brecha entre la teoría y la práctica. 97

Produce cambios dramáticos en la mentalidad. 97

Ofrece un excelente retorno de inversión..... 98

Proporciona resultados de evaluación precisos. 98

Permite el Aprendizaje Personalizado 98

Capítulo 13: El Método de los Lugares - Una Técnica de Memoria............ 100

Orígenes............ 100

Cómo Funciona............ 101

Reglas y pautas generales............ 104

La ruta que elijas debe ser una que te resulte muy familiar............ 104

Cada hito dentro de esa ruta siempre debe ser distinto y único............ 104

Debes seguir el mismo orden de la ruta cada vez. 105

Sé creativo con tus atribuciones y representaciones............ 105

Capítulo 14: Estudio eficiente para un examen..106

Prepara todos los materiales de estudio que necesitas. 108

Encuentra un lugar con distracciones mínimas donde puedas sentarte por un período prolongado de tiempo............ 108

Discúlpate del mundo de las redes sociales....109

Utilice el Principio 50/10............ 110

Recárgate con cafeína............ 110

Enfócate en las grandes ideas y reescribe. 111
Recluta todos tus sentidos 111
Encuentra un compañero de estudio 112
Utiliza la técnica de agrupación 112
Recompénsate 114
Duerme un poco 114

Capítulo 15: Aprendizaje colaborativo en un entorno grupal 115

Beneficios del Aprendizaje Colaborativo 115

Ayuda a mejorar el proceso de resolución de problemas. 116

Induce una forma superior de pensamiento crítico. 116

Mejora las habilidades sociales de una persona 117

Fomenta la responsabilidad en el aprendizaje. 117

Desarrolla las habilidades de comunicación de una persona. 118

Fomenta la diversidad y la mente abierta ...119

Acelera el aprendizaje. 119

Capítulo 16: Sonidos binaurales para estudiar de forma efectiva 121

La Mecánica de la Mente 122

Los impedimentos de enfoque 123

Llegando a Alfa a través de los Binaurales. 124

La Ciencia y Sensación de Escuchar Ritmos Binaurales 125

Capítulo 17: Tarjetas de estudio efectivas 127

Errores comunes al usar tarjetas de memoria. 128
Las mejores maneras de usar las tarjetas didácticas 129
Haz tus propias tarjetas de memoria desde cero. 129
Incorpora imágenes en tus tarjetas de estudio. 129
Haz uso de dispositivos mnemotécnicos. 130
Mantente en un punto por tarjeta 130
Divida ideas complicadas en varias tarjetas. 130
Habla en voz alta mientras estudias. 131
Estudia tus tarjetas de memoria de forma no lineal. 131
Explora otros métodos de aprendizaje acelerado. 132

Capítulo 18: Un caso para la repetición espaciada 133
Cómo construir un muro resistente 134
Los Mejores Intervalos para la Repetición Espaciada 135
Usando tarjetas de memoria para la repetición espaciada. 136
Conclusión 138

© Derechos de autor Robert Clear 2024 - Todos los derechos reservados.

El contenido contenido en este libro no puede ser reproducido, duplicado o transmitido sin permiso escrito directo del autor o del editor.

En ningún caso se responsabilizará al editor o autor por cualquier daño, reparación o pérdida monetaria debido a la información contenida en este libro, ya sea directa o indirectamente.

Aviso Legal:

Este libro está protegido por derechos de autor. Es solo para uso personal. No puedes modificar, distribuir, vender, utilizar, citar ni parafrasear ninguna parte, o el contenido dentro de este libro, sin el consentimiento del autor o editor.

Aviso de descargo de responsabilidad:

Tenga en cuenta que la información contenida en este documento es únicamente con fines educativos y de entretenimiento. Se ha hecho todo el esfuerzo para presentar información precisa, actualizada, confiable y completa. No se declaran ni se implican garantías de ningún tipo. Los lectores reconocen que el autor no está brindando asesoramiento legal, financiero, médico o profesional. El contenido de este libro se ha derivado de varias fuentes. Por favor, consulte a un profesional con licencia antes de intentar cualquier técnica descrita en este libro.

Al leer este documento, el lector acepta que bajo ninguna circunstancia el autor es responsable de ninguna pérdida, directa o indirecta, que se incurra como resultado del uso de la información contenida en este documento, incluyendo, pero no limitado a, errores, omisiones o inexactitudes.

Introducción

Aprender siempre va a ser un proceso de por vida. Como niño, estás condicionado a aprender los principios fundamentales relacionados con ser un ser humano funcional. Te enseñan a caminar, hablar, correr, saltar, jugar, contar, cantar, bailar, etc. A medida que envejeces, el aprendizaje se vuelve cada vez más complejo y desafiante. Sin embargo, también sabes que fallar en aprender significa fallar en adaptar. Por eso sigues animándote a hacerlo.

Es algo que debemos incorporar constantemente en nuestra vida diaria si queremos seguir creciendo y desarrollándonos como personas. Es vital que convirtamos en un hábito el aprender cosas nuevas cada día si queremos estar siempre preparados para los desafíos que se nos presenten. Sin embargo, el aprendizaje no siempre será un proceso fácil para algunos. De hecho, para muchas personas, aprender puede ser una experiencia muy lenta, gradual y agotadora con muchos obstáculos, barreras y desafíos. No todos van a estar equipados con capacidades para aprender, y es por eso que algunas personas acaban quedándose rezagadas.

Sin duda, el mundo moderno en el que vivimos es un mundo cruel. En cualquier industria, la gente está luchando por llegar a la cima de sus respectivos campos. Hay varios vacíos de poder esperando ser llenados por todas partes, y solo aquellos que tengan los conocimientos necesarios podrán ocupar esos puestos.

Todo se reduce a poder equiparse con las herramientas necesarias que puedan necesitar para encontrar el éxito en la vida. Así es exactamente como el aprendizaje juega un papel vital en el auto-desarrollo y crecimiento.

Charles Darwin lo explicó mejor en su Teoría de la Evolución. Sólo los más fuertes y aptos sobreviven, mientras que los débiles quedan rezagados. Este es un principio que ha demostrado su autenticidad una y otra vez a lo largo de la historia de la civilización humana. Aquellos de nosotros que somos capaces de adaptarnos a nuestro entorno de manera más rápida y efectiva son quienes tienen más probabilidades de encontrar el éxito. Mientras tanto, aquellos que se sienten demasiado cómodos quedándose donde están serán los que eventualmente fracasarán. A pesar de las circunstancias que uno pueda tener en la vida, las personas siempre tienen la opción de perseguir oportunidades de aprendizaje. A pesar de las circunstancias de las personas, éstas tienen la opción de buscar oportunidades para aprender. Es un terreno de juego nivelado para todos, y todo se trata de manifestar la voluntad de actuar.

En el estado actual de nuestra sociedad, cada vez es más difícil mantenerse a la vanguardia. Aunque la tecnología nos brinda las herramientas que podríamos necesitar para estar armados mientras enfrentamos desafíos diarios, también puede servir como un gran obstáculo. Podrías pensar que la tecnología es algo que facilitaría el aprendizaje y haría que fuera más fácil para las personas adquirir y desarrollar nuevas habilidades. Sin embargo, hay un fenómeno llamado distracción digital. Es probable que todos estemos familiarizados con esto hasta cierto punto. Con el advenimiento de las tecnologías emergentes, no es descabellado asumir que las personas son propensas a volverse cada vez más distraídas. Sin embargo, la tecnología ha evolucionado hasta tal punto que se ha convertido en una distracción. Solía ser que las personas adoptaban gradualmente la tecnología en sus vidas. Pero hoy en día, los seres humanos nacen en sociedades dominadas por la tecnología. En esencia, están influenciados por la tecnología en sus años formativos, y ahora se está convirtiendo en un aspecto muy integral en las vidas de muchos.

Pero ¿cómo influye la distracción digital en la capacidad de aprender de una persona?

Bueno, necesitas ser capaz de observar cómo los seres humanos perciben la supervivencia y la existencia en la actualidad en comparación con cómo lo hacían en las primeras edades. En las etapas iniciales de la civilización, los seres humanos estaban principalmente preocupados por la caza y la recolección de elementos esenciales como alimentos, agua, refugio y ropa. Nada más importaba mucho más que esas necesidades básicas.

El mundo ya no es así hoy en día. La sociedad ha evolucionado para ser mucho más compleja. La nueva era de la civilización ha traído una especie que todavía prioriza la recogida de alimentos, agua, refugio y ropa, pero hay un nuevo componente que también gobierna la vida de las personas: la información.

La gente ya no solo se preocupa por la recolección de alimentos. La gente está priorizando la recolección de información porque entienden la importancia del conocimiento en esta época. Sin embargo, la obtención de información también se ha vuelto mucho más compleja debido a las complicaciones que surgen debido a las distracciones digitales. Aunque la tecnología principalmente sirve como una herramienta para que los seres humanos sean más productivos y realicen el trabajo de manera más eficiente, también se ha convertido en una de las muchas distracciones potenciales que nos impiden concentrarnos en lo que necesitamos hacer.

Por eso, en esta era de la información, es muy importante que podamos reevaluar continuamente la forma en que abordamos el aprendizaje y la adquisición de conocimientos. No es suficiente con tener las herramientas que necesitamos para recopilar información valiosa. Es esencial que seamos capaces de optimizar la forma en que procesamos, retenemos y aplicamos todo lo que aprendemos.

Este eBook va a ser una contribución a ese esfuerzo. De hecho, hay muchas formas en las que las personas pueden optimizar la manera en que aprenden y afilan los procesos en los que adquieren información. Sin embargo, irónicamente, no muchas personas van a ser conscientes de estas técnicas. Esto es una verdadera lástima especialmente en estos tiempos. Un concepto común que la gente tiene hoy en día es que en la era de la información, la ignorancia es una elección - y es cierto. Es fácil obtener información con solo unos pocos toques y deslizamientos de tu dedo. Sin embargo, hay muchas personas que eligen seguir ignorantes y desinformadas sobre las cosas en las que podrían estar al día. En la era moderna, vas a necesitar cualquier ventaja competitiva que puedas obtener. Si puedes optimizar aún más la manera en la que adquieres y procesas información valiosa, entonces estás dotándote de habilidades que te ayudan a mejorar como persona.

Aunque el aprendizaje es verdaderamente un proceso de toda la vida, no debería llevarte toda la vida comprender y aprender conceptos complejos. Sería una terrible pérdida de tiempo y energía si dedicaras toda tu vida intentando dominar una disciplina en particular y descartando todo lo demás. Es como tener todo el mundo ahí fuera disponible para que lo veas, y aún así, eliges encerrarte en tu habitación toda tu vida. No deberías tener miedo de perseguir el estudio y dominio de diferentes disciplinas y temas. El tiempo no debería ser un impedimento o una limitación para tu capacidad de aprendizaje. Hay maneras en las que puedes acelerar el proceso de aprendizaje para que puedas aprovechar al máximo tu tiempo. Después de todo, solo puedes dedicar tanto tiempo al aprendizaje. Es por eso que querrás aprovechar cualquier método que ayude a que ese proceso sea más fácil y rápido. Considera esto tu introducción al Aprendizaje Acelerado.

¿Qué es el Aprendizaje Acelerado?

En pocas palabras, el Aprendizaje Acelerado (AL) es una metodología emergente que ofrece un enfoque innovador y completo para aumentar la capacidad de absorber información, evaluar problemas y pensar en soluciones creativas. Es esencialmente una pedagogía de aprendizaje que emplea métodos y técnicas "amigables para el cerebro" que optimizan y agilizan el proceso de aprendizaje en su totalidad. Para comprender mejor de qué se trata este marco teórico, podría ser una buena idea sumergirse primero en su historia y cómo surgió esta metodología de aprendizaje. A partir de ahí, podemos hablar sobre las técnicas y tácticas comunes que forman parte de la pedagogía del Aprendizaje Acelerado.

Aprendizaje Acelerado: Una Historia

Todo comenzó con lo que originalmente se denomina como Suggestopedia, un concepto que fue desarrollado por el respetado profesor y psicoterapeuta búlgaro, Dr. Georgi Lozanov, a principios de la década de 1970. El renombrado profesor fundó el Instituto de Investigación de Suggestología en Bulgaria en 1966. Fue a través de su trabajo en el campo en el que pudo desarrollar una pedagogía revolucionaria que hacía que todo el proceso de aprendizaje fuera fácil y placentero. Se implementaron diversas herramientas innovadoras bajo su nuevo marco con el fin de crear un entorno de aprendizaje más interactivo que incluía música, arte, escenarios de rol y juegos. Siempre fue alguien que enfatizaba la importancia de cultivar un entorno de aprendizaje que estuviera optimizado para la transferencia de conocimientos de forma fluida. Lozanov también opinaba que era responsabilidad del profesor crear un entorno de aprendizaje seguro y estimulante que inspirara y motivara a los estudiantes con el fin de maximizar su capacidad de aprender y absorber nuevas ideas.

Él destacó el punto de que el entorno de aprendizaje físico siempre debe ser aquel que invite a los estudiantes a participar e interactuar con los materiales de aprendizaje, facilitadores, moderadores y compañeros de aprendizaje también. Debería ser un espacio de aprendizaje que no sólo tenga en cuenta el estado mental de un estudiante, sino también su estado emocional, para ofrecer un enfoque más holístico al aprendizaje personalizado.

El Dr. Lozanov realmente abogaba por un enfoque renovado hacia el aprendizaje y la adquisición de conocimientos para mantener a la sociedad moderna al mismo ritmo que la rápida tasa de avance tecnológico. Él veía que la sociedad estaba evolucionando rápidamente y veía la necesidad de que el ser humano cotidiano se adaptara para mantenerse relevante y competitivo. También veía los riesgos potenciales involucrados al imponer pedagogías de aprendizaje ineficientes e ineficaces. Él visualizaba una metodología de aprendizaje que permitiría un ambiente de aprendizaje sin estrés que aliviaría la presión generada por las instituciones educativas y los marcos de educación contemporáneos.

El término Suggestopedia se deriva de las palabras "sugerencia" y "pedagogía". Todo gira en torno a cómo las palabras y acciones de un maestro o facilitador pueden llegar al alumno. En última instancia, el objetivo es que el maestro sugiera que aprender y comprender una nueva idea es divertido y fácil. Además, la idea de "sugerencia" ofrece un sentido de inclusividad por parte del alumno, permitiéndoles ofrecer sus ideas sobre cómo podrían aprender de manera más eficiente y efectiva.

Fue en 1976 en los Estados Unidos cuando el nombre de Suggestopedia fue cambiado a Aprendizaje Acelerado. El cambio de nombre fue indicativo de las preferencias culturales de la época y el deseo de construir sobre las adaptaciones que surgieron de las ideas originales del Dr. Lozanov que se desarrollaron a lo largo de los años. Al mismo tiempo, diversos avances en el campo de la neurociencia y la psicología educativa ofrecieron a la sociedad una mayor comprensión de cómo abordar mejor la dinámica de la enseñanza y el aprendizaje. Numerosas técnicas y enfoques para la enseñanza y el aprendizaje fueron recopilados a lo largo de los años y eventualmente se identificaron colectivamente como métodos de Aprendizaje Acelerado.

Aprendizaje acelerado tal como lo conocemos hoy en día

La filosofía del Aprendizaje Acelerado puede distinguirse de otras pedagogías puramente desde sus fundamentos como mecanismo de aprendizaje. Toma en consideración los factores sugestivos que ayudan a influenciar la capacidad de aprender y absorber información vital pero desconocida. Es una pedagogía que enfatiza fuertemente la importancia del maestro y el facilitador en determinar el proceso de aprendizaje ideal de un estudiante o aprendiz.

El Aprendizaje Acelerado puede proporcionar una estructura real y un sistema para que los profesores y facilitadores diseñen módulos de aprendizaje que garanticen el éxito eventual de un alumno. También puede proporcionarle al alumno un énfasis en el aprendizaje centrado en el estudiante. Existe mucha flexibilidad dentro de la metodología de aprendizaje en sí para minimizar la necesidad de que un estudiante haga ajustes. Todo el proceso de Aprendizaje Acelerado se ha enriquecido y sustentado aún más debido a la comprensión desarrollada por la comunidad científica acerca de la psicología cognitiva, el constructivismo, las inteligencias múltiples, la programación neurolingüística, y más. Hay todo tipo de módulos de aprendizaje y actividades que se implementan y experimentan en diferentes entornos de clase, y esto está empujando continuamente los principios del Aprendizaje Acelerado hacia adelante.

La idea principal detrás del Aprendizaje Acelerado es ofrecer a cada individuo la oportunidad de aprender cualquier concepto a su propio ritmo y con su metodología preferida. Es un estilo de aprendizaje centrado en el estudiante que se enfoca más en los resultados que en el proceso. Elimina por completo la noción de que hay una única forma correcta de aprender un tema en particular. En última instancia, es un paradigma de aprendizaje impulsado y motivado por el éxito del estudiante.

¿Cómo aplicas el Aprendizaje Acelerado en tu vida?

Si resulta ser alguien que está tan comprometido con el aprendizaje como algunas personas, entonces este libro te ayudará en tus esfuerzos. El simple hecho de que leas libros como este es evidencia de tu curiosidad y tu sed de conocimiento. No siempre vamos a tener el conjunto de herramientas que queremos. Por eso siempre es mejor aprovechar al máximo lo que tenemos. Solo puedes hacer tanto en esta vida si tu capacidad de aprendizaje es limitada. Siempre deberías esforzarte por abrir tu mente y liberarte de cualquier limitación intelectual o mental que pueda estar impidiéndote adquirir nuevo conocimiento.

Estudiar más sobre las técnicas de aprendizaje acelerado no solo está diseñado para beneficiarte. Si eres un gerente, un CEO, un padre, una madre, un maestro, un mentor, o cualquier tipo de figura influyente que exista, puedes beneficiarte enormemente al obtener una mejor comprensión de cómo funciona la mente humana y cómo puedes iniciar de manera más efectiva esa transferencia de conocimiento de tu cerebro al de otra persona. Numerosas organizaciones y grandes empresas en todo el mundo están utilizando técnicas de aprendizaje acelerado para capacitar a sus empleados y garantizar una integración perfecta en el sistema de la empresa. Los profesores transformadores en diversos campos académicos utilizan módulos de aprendizaje acelerado para profundizar el intelecto y el conocimiento de sus estudiantes. Existe un lugar para el aprendizaje acelerado en la vida de cualquiera, ya sea para uso personal o para beneficiar a otra persona.

Como seres humanos, todos vamos a tener nuestras limitaciones personales. Sin embargo, eso no debería servir como un obstáculo para nuestra voluntad y deseo de buscar conocimiento. Mientras mantengas ese deseo, siempre tendrás el potencial de ser una potencia intelectual. Todo se reduce a ser capaz de encontrar el enfoque correcto para aprender cosas nuevas y adquirir nuevos conocimientos. Eso es exactamente lo que este libro va a poder proporcionarte.

Algunos de los consejos y técnicas que se enumerarán en este libro pueden ser justo lo que necesitas y te serán de gran ayuda, y otros pueden no serlo. Pero ese es precisamente el punto de aprender y educarse en primer lugar. Se trata de exponerte con la mente abierta y una disposición preparada hacia el aprendizaje. Si un método funciona, entonces genial. Quédate con él. Si no funciona, entonces aprende de la experiencia y continúa buscando nuevas formas de aprendizaje. El Aprendizaje Acelerado no está diseñado para ser infalible. Aún así, dependerá en última instancia del tipo de personalidad que tengas y de tu paciencia para encontrar cuál técnica de Aprendizaje Acelerado funciona mejor para ti. Aprender y autoeducarse es un viaje en el que solo tú puedes embarcarte por ti mismo. Puedes tener mentores y materiales de recursos, pero la voluntad de aprender todavía debe surgir de dentro de ti. Así que has dado ese primer paso. Ahora, es hora de pasar al siguiente nivel.

Capítulo 1: Aprender como un Estilo de Vida

Antes de pasar a las técnicas y metodologías que puedes emplear para recopilar y retener la información de manera más eficiente, podría ser importante asegurarte primero de que estás en la capacidad mental y física adecuada para hacerlo. Claro, puedes conocer todas las mejores técnicas y secretos de aprendizaje en el mundo. Pero si no tienes un estilo de vida y una actitud que te preparen para aprender, entonces realmente no estás aprovechando al máximo toda la experiencia de aprendizaje en su conjunto. Es por eso que este capítulo se va a centrar en las diversas facetas psicológicas y fisiológicas de tu proceso de aprendizaje, y por qué es igual de importante prestar atención a estas cosas también.

Puede ser muy difícil avanzar cuando realmente no puedes visualizarte yendo una cierta distancia en primer lugar. Siempre quieres asegurarte de creer en tu capacidad para absorber nueva información y desarrollar nuevas habilidades antes de embarcarte en tu nuevo viaje de aprendizaje. Está bien que puedas tener algunas dudas y reservas debido a algunas inseguridades naturales que puedas tener. Sin embargo, siempre es importante que creas que tienes lo necesario, mental, emocional y físicamente, para lograr tus metas.

Preparando la mentalidad para el crecimiento

Tener una mentalidad preparada para el crecimiento y el desarrollo siempre será un aspecto importante del aprendizaje. Para que puedas tener ese tipo de mentalidad, debes creer en tu capacidad para adquirir habilidades, conocimientos y perspectivas que quizás aún no tengas. Se trata de tener fe en ti mismo y creer que tienes lo necesario para llegar a donde quieres estar. Es más fácil enfocarse en la tarea en cuestión cuando no estás constantemente atormentado por tus miedos e inseguridades, y mucho más sencillo si todo lo que tienes que preocuparte es desarrollar un sentido de dominio y competencia en una disciplina específica en lugar de preocuparte por cómo te verán las personas si fracasas.

Eso no significa que tengas ganas de recibir comentarios negativos de las personas que te ven en tu camino. Solo significa que estás más abierto a estos comentarios porque entiendes que los comentarios son una herramienta que puedes usar y equiparte una vez que te enfrentas a nuevos desafíos y obstáculos. Siempre debes ser capaz de hacer la transición de ser alguien que tiene una mentalidad cerrada y fija a alguien que tiene una mentalidad de crecimiento más abierta y dinámica. Cuando estás más centrado en el proceso real de aprendizaje en lugar de solo en los resultados (ya sean positivos o negativos), es mucho más fácil seguir adelante independientemente del progreso que estés haciendo. ¿Cuántas veces has empezado un proyecto solo para encontrarte a ti mismo renunciando a mitad de camino porque realmente sientes que no estás avanzando? ¿Cuántas veces te has convencido de no terminar una tarea solo porque sientes que las cosas no han salido realmente como lo planeaste?

Ese es el problema de tener una mentalidad fija en el aprendizaje. Te dices a ti mismo que debes cumplir ciertas especificaciones y pautas en el camino al punto de volverte inflexible e inadaptable. Cuando tu mentalidad está orientada al crecimiento, no te importará el estrés de cuánto trabajo te queda por hacer, te centrarás en estar orgulloso de cuánto has logrado hasta ahora y cuánto más puedes obtener de tu trabajo duro y persistencia. Como en cualquier esfuerzo, la persistencia siempre será clave en el aprendizaje. Puede que ya hayas descubierto que el aprendizaje acelerado no promueve realmente una progresión lineal del crecimiento y aprendizaje. Es más dinámico y esporádico que cualquier otra cosa. Sin embargo, las personas con una mentalidad saludable para el crecimiento entienden que un pequeño crecimiento es mejor que no tener crecimiento en absoluto.

Esta es exactamente la clase de filosofía que necesitas adoptar y establecer para ti mismo/a mientras intentas abrirte a nuevas ideas y lecciones. Dominar cualquier habilidad nunca fue realmente diseñado para ser fácil después de todo. Si lo fuera, entonces todo el mundo sería el maestro en todo. Sí, el aprendizaje acelerado ayuda a acelerar el proceso y hace que tus esfuerzos sean un poco más eficientes y efectivos, pero eso no significa que vaya a hacer que todo sea fácil. Todavía tendrás que enfrentarte a una batalla cuesta arriba mientras avanzas, y es muy importante que no te intimides por la adversidad cada vez que golpee.

Encontrando Motivación

El trabajo duro es igual a éxito. Eso es probablemente algo que siempre te han enseñado desde el momento en que naciste, y es probable que sea una sabiduría que vas a transmitir a otros a lo largo de toda tu vida. En realidad, hay mucha sabiduría en este principio, pero no siempre cuenta toda la historia.

Como ser humano, tienes derecho a tener días en los que sientas que simplemente no tienes la energía para seguir adelante. La motivación intrínseca puede ser algo muy poderoso para permitirte salir y perseguir tus metas y sueños. Sin embargo, tu energía vendrá y se irá. La motivación intrínseca no siempre va a estar ahí para ti, y es cierto cuando dicen que la motivación por sí sola realmente no te llevará a ninguna parte. Es más importante que puedas actuar sobre tu motivación para manifestar tus sueños en realidad. Sin embargo, tampoco se puede negar el hecho de que una vez que una persona está debidamente motivada, todo el proceso de aprendizaje será más simple y agradable. Por eso también necesitas prestar atención a lo que te impulsa y te motiva como estudiante.

Para empezar, puede ser importante que entiendas qué es realmente la motivación y de dónde proviene. Muchas personas tienen esta falsa comprensión de la motivación y cómo puede ser convocada a voluntad. Eso no es necesariamente el caso. No puedes simplemente decirte a ti mismo "¡Levántate y trabaja!" todo el tiempo y esperar que realmente funcione. La motivación es muy parecida a una planta en el sentido de que necesita ser cuidada adecuadamente para que dé frutos. Muchas personas son culpables de alimentar únicamente sus motivaciones para metas a largo plazo pero no para tareas a corto plazo. El problema con eso es que son las pequeñas acciones y ráfagas de esfuerzo diario las que nos ayudan a alcanzar nuestras metas a largo plazo.

Por ejemplo, quizás estés motivado para ascender en el trabajo. Esto es algo que visualizas para ti mismo todos los días. Justo cuando te despiertas, piensas en conseguir un ascenso. Cuando te vas a dormir, piensas en cómo será tu nueva oficina y salario más alto. Esto es bueno porque te estás motivando para el largo plazo. Sin embargo, también necesitas cultivar el mismo tipo de motivación para metas a corto plazo. ¿Qué necesitas hacer para conseguir un ascenso? Tal vez necesites aumentar las ventas y los ingresos, mejorar la eficiencia de la oficina, enviar informes de mejor calidad, o desarrollar habilidades en un campo específico relacionado con tu línea de trabajo. Estos son todos los aspectos detallados que contribuyen a lograr tu objetivo a largo plazo, pero cuando no te das la motivación para hacer estas cosas, se vuelve más difícil alcanzar tu meta general. A veces, un pequeño cambio en la perspectiva puede ser suficiente. Intenta motivarte de una manera más concreta y más sintetizada. Puede ser clave para alcanzar tus metas.

Un Enfoque Fisiológico para el Aprendizaje

No es solo los aspectos emocionales o mentales de tu carácter lo que necesitas desarrollar para maximizar tu capacidad de aprendizaje, también debes prestar atención a los factores fisiológicos. Echa un vistazo a tu espacio de trabajo o tu escritorio de oficina, ¿cuántas distracciones puedes encontrar allí? ¿Te encuentras constantemente navegando por tu teléfono incluso cuando deberías estar concentrado en un documento importante? ¿A menudo intentas ver un episodio de Breaking Bad mientras intentas memorizar jerga legal al mismo tiempo? ¿Hay un bebé llorando justo a tu lado mientras intentas familiarizarte con los fundamentos de la gestión organizativa? ¿Te encuentras teniendo que limpiarte el sudor cada pocos minutos debido a la falta de aire acondicionado en tu habitación? Todos estos son factores dentro de tu entorno físico que afectan tu capacidad fisiológica de absorber nueva información. En primer lugar, siempre quieres asegurarte de que el entorno en el que llevarás a cabo tu aprendizaje sea propicio. Descubrirás que tener un entorno que bloquee las distracciones siempre será mejor para aprender.

Además de eso, es posible que también desees tener en cuenta los siguientes consejos:

- Participa en ejercicio regular. Estudios han demostrado que participar en ejercicio regular puede mejorar la memoria y habilidades de pensamiento de una persona (Godman, 2014).

- Mantén una dieta saludable y equilibrada. La investigación ha demostrado que tener hábitos nutricionales pobres puede llevar a habilidades cognitivas comprometidas (Spencer, et al., 2017).

Asegúrate de dormir bien por la noche. Es muy importante que mantengas un patrón de sueño saludable, ya que esto puede ayudarte a tener una buena memoria y asegurarte de que tu cerebro funcione a un nivel óptimo (Potkin & Bunney, 2012).

Al final, tú eres el agente de aprendizaje aquí, y una vez que el agente de aprendizaje está comprometido, entonces todo el proceso de aprendizaje en su conjunto está comprometido. No importa qué tipo de tácticas revolucionarias o técnicas innovadoras puedas estar empleando al intentar dominar una nueva habilidad o disciplina, si no estás en el estado adecuado para aprender, entonces no estarás desempeñándote en tu máximo potencial en absoluto.

Capítulo 2: Método DiSSS

Desconstrucción - Selección - Secuencia - Apostar o el método DiSSS es un sistema de aprendizaje que fue originalmente desarrollado por Tim Ferriss, un exitoso autor y estrella de televisión. Ferriss ha dedicado su vida al estudio del aprendizaje, y sus hallazgos eventualmente llevaron al desarrollo de su pedagogía DiSSS.

Deconstrucción

Intenta pensar en el artículo más difícil de tu lista de tareas en este momento. ¿Podría ser aprender un nuevo idioma? ¿Podría ser dominar el arte del Levantamiento de Pesas Olímpico? ¿Podría ser aprender cómo programar en computadora? Estos son todos emprendimientos muy admirables y respetables, pero también son habilidades muy difíciles de aprender y dominar. Puede que escuches a alguien hablando francés con fluidez, y te sientas intimidado por lo difícil que suena todo. Puede que veas a un atleta profesional levantar una barra de 200 libras sobre su cabeza, y sepas que solo terminarías en el hospital si intentaras hacer lo mismo. Puede que tengas un amigo que ha creado su propio sitio web desde cero mientras luchas por personalizar tu propia página de Facebook. Siempre es intimidante cuando asumes un nuevo objetivo y lo ves en su totalidad. Por eso, la idea de Desconstrucción Conceptual o más llanamente, "desconstrucción", es una forma muy efectiva de aprender y lograr algo.

Cualquier habilidad que puedas querer adquirir en la vida o cualquier disciplina que busques dominar va a tener partes, va a tener capas. La persona que ves hablando francés con fluidez no aprendió a hacerlo en un día. Hay facetas del idioma francés que pueden ser desglosadas y deconstruidas en varias partes como vocabulario, gramática, dicción, y más. Todos esos conceptos principales pueden ser desglosados aún más. Una vez que simplemente lo despieces poco a poco, descubrirás que el logro de aprender un nuevo idioma no va a ser tan imposible como inicialmente pensabas. Cuando hayas terminado de deconstruir los aspectos de tu proceso de aprendizaje, entonces puedes proceder a la segunda fase de aprendizaje: Selección.

Selección

Cuando te inscribes en una clase, es probable que el profesor te vaya a proporcionar un plan de estudios muy extenso que tendrás que seguir de forma lineal para poder completar el curso. Y aún así, no es una garantía de que hayas dominado la habilidad al final del programa. Sin embargo, con el método DiSSS, no siempre tienes que estar aprendiendo una nueva habilidad de forma lineal, especialmente si ese no es un método que realmente funcione bien para ti. Ya has completado la fase de deconstrucción del proceso de aprendizaje, y ahora es momento de pasar a la fase de Selección de este.

La fase de Selección del método de aprendizaje acelerado DiSSS está diseñada para que seas eficiente con el tiempo y la energía que pones en dominar una nueva habilidad. Es posible que no siempre cuentes con el lujo de tener mucho tiempo para dedicar a aprender una nueva artesanía. Por eso siempre es importante que te mantengas organizado con la manera en que distribuyes tu tiempo. Aquí es donde entra en juego la fase de Selección. Tendrás que analizar realmente tus metas y lo que esperas lograr y aprender a priorizar basándote en tu análisis de la situación. Es importante que primero dediques la mayor parte de tu tiempo y energía a los aspectos de la habilidad que te ayudarían a alcanzar tu nivel deseado de competencia lo más rápido posible.

Para ilustrar aún más este punto, volvamos al ejemplo de dominar el idioma francés. Para la mayoría de las personas, les llevaría un promedio de alrededor de 6-12 meses volverse fluidos en cualquier idioma. Sin embargo, con el método DiSSS, es muy posible que sepas todo lo que necesitas saber sobre un nuevo idioma en alrededor de 8-12 semanas. ¿Cómo? ¿Por qué existe una disparidad tan drástica? Bueno, todo se trata de selección. No sabrás tanto como sabrías si tomaras 6-12 meses para estudiar el idioma, pero si aprendes a dedicar tu tiempo de manera apropiada, vas a saber todo lo que necesitas saber en solo 8-12 semanas. El principio de selección se preocupa más por lo que estás estudiando que por cómo lo estás estudiando.

Si te inscribes en una clase típica de idioma francés, es posible que te enseñen el equivalente en francés de palabras como iglesia, padre, escuela, oficina, casa, correr, saltar, caminar, etc. Algunas de estas palabras pueden ser útiles para tu vida diaria, pero algunas de ellas pueden no serlo. El objetivo de la selección es que elijas aproximadamente entre 1,500 y 2,000 palabras que uses comúnmente a diario y te enfoques en dominar esas palabras. No tiene sentido dominar la totalidad del diccionario francés si no vas a utilizar la mayoría de esas palabras de todos modos. Sería simplemente una gran cantidad de tiempo y esfuerzo desperdiciados.

Al centrarse en aspectos específicos de la habilidad que estás tratando de dominar, sería un enfoque más práctico y pragmático para el aprendizaje. Te ofrecería un uso más eficiente del tiempo y la energía que dedicas al dominio de esta nueva habilidad. El aprendizaje es siempre más efectivo cuando se atribuye importancia y valor a las ideas que están siendo absorbidas por el agente. Una persona está mucho más inclinada a aprender algo que puedan aplicar en su vida diaria que algo que solo existe en teoría.

Secuenciación

Una vez que se haya completado la fase de selección en el proceso de aprendizaje, sigue la fase de secuenciación. Esto pone al descubierto la ineficacia de un método lineal prescrito de aprendizaje. No se trata solo de entender los aspectos importantes de un tema o disciplina que necesitas aprender. También se trata de averiguar qué es lo que debes abordar de inmediato cuando comiences el proceso de aprendizaje. Aquí es exactamente donde debe entrar en juego la secuenciación adecuada.

Tim Ferriss explicó la importancia de poder secuenciar tareas de manera eficiente y efectiva. En The Tim Ferriss Experiment, asume todo tipo de desafíos que giran en torno a intentar aprender nuevas habilidades en un corto período de tiempo. Ha asumido con éxito varias tareas, incluyendo aprender a conducir coches de carrera, aprender un nuevo idioma y dominar el ajedrez. Todo el método DiSSS es su idea original y así es como describe la fase de "Secuenciación" de la técnica de aprendizaje.

Ferris afirma que poner varias fases y pasos en el orden correcto es crucial para un aprendizaje eficiente y efectivo. Él dice que no siempre tienes que empezar desde el "principio" para dominar una nueva habilidad. Por ejemplo, cuando estaba aprendiendo a dominar el ajedrez de un experto, no comenzaron la lección con los movimientos iniciales que uno emplearía en una partida típica. En cambio, se lanzaron directamente a algunos movimientos muy específicos que las personas tienden a encontrar mucho en el medio de las partidas de ajedrez. Con una secuencia adecuada, no siempre tienes que comenzar desde el principio para empezar las cosas de la manera correcta.

Apuestas

La última fase del Método DiSSS son las Apuestas. A veces, para añadir un poco más de motivación a una persona para aprender algo nuevo en un corto período de tiempo, tiene que haber ciertas apuestas involucradas. Tu pareja no va a terminar contigo si no puedes aprender a hablar francés. No vas a perder tu trabajo si eres incapaz de vencer a un maestro de ajedrez. Por eso es tan fácil para ti simplemente abandonar por completo una tarea con la mentalidad de que siempre puedes retomar las cosas más adelante. Realmente no tienes un incentivo para dedicar el tiempo y esfuerzo necesario para dominar una habilidad particular.

Por eso podría ser una buena idea para ti incentivar a ti mismo. Ferriss sugiere lo que con mayor frecuencia se conoce como un "dispositivo de compromiso." Un buen ejemplo de esto sería darle a tu pareja el control de tu tarjeta de crédito para una verdadera sesión de compras en caso de que no cumplas con tu objetivo en un tiempo determinado. Quieres ser capaz de sentir la decepción de no cumplir cierta meta, y a veces, perder dinero puede ser un buen incentivo para que te esfuerces más. Realmente es tan simple como eso. Quieres agregar un poco de presión y calor a tu experiencia de aprendizaje para que no te tientes a aflojar.

Capítulo 3: Mezclando las cosas con la práctica intercalada

Los esfuerzos de aprendizaje enfocado siempre son excelentes para muchas personas que desean ver resultados inmediatos y sentir gratificación instantánea. Aunque esto puede parecer que estudiar de forma enfocada es una buena manera de acelerar el proceso de aprendizaje, resulta que no siempre es el caso. Para la mayoría de las habilidades, disciplinas y oficios, rara vez va a ser un caso unidimensional. Siempre van a existir capas adicionales para dominar una nueva forma de arte o disciplina. Por ejemplo, aprender geometría no es solo memorizar nombres de formas y figuras. También es una cuestión de aprender fórmulas y aplicaciones matemáticas. Cuando estás aprendiendo sobre el mercado de valores, debes familiarizarte con los perfiles e historias bursátiles de las empresas. También debes estar al tanto de la teoría y aplicación del mercado de valores. También debes aprender sobre proyecciones, alfabetización financiera, tendencias del mercado y otras cuestiones técnicas. El dominio nunca va a ser un asunto unidimensional. Hay diversas habilidades y facetas para dominar una disciplina que deben tenerse en cuenta. Aunque puede ser tentador abordarlo una faceta a la vez, hay investigaciones que sugieren que sería más efectivo manejar el aprendizaje de múltiples habilidades a la vez.

Intuitivamente, podrías pensar que enfocar toda tu

energía y atención en una sola habilidad o disciplina será la forma más eficiente y efectiva de desarrollar competencia y dominio. Cuando estás en la escuela, hay un período específico dedicado a Matemáticas, Ciencias, Arte, Música, Inglés, Educación Física, y así sucesivamente. Para cada asignatura o disciplina específica, se enfocarán en un solo concepto particular dentro de un tiempo determinado. Una vez que ese tiempo haya pasado, los estudiantes pasan a otra clase donde tendrán que concentrar toda su atención en otro concepto y tema individual.

Este tipo de aprendizaje se conoce comúnmente como el método de aprendizaje por bloques. Puede tener sentido para mucha gente considerando que es una práctica estándar en arquetipos educativos tradicionales. Sin embargo, hay razones para creer que descubrir cómo espaciar adecuadamente las sesiones de aprendizaje diversificando los materiales y temas de aprendizaje para cada sesión podría resultar ser un método más efectivo de aprendizaje en su conjunto. Esto es a menudo a lo que se hace referencia como "aprendizaje espaciado", y está ganando una gran popularidad en varios círculos educativos.

El aprendizaje espaciado es esencialmente el regreso consistente a un tema particular en intervalos establecidos a lo largo de unas semanas (o meses, dependiendo de la profundidad de lo que estás estudiando). Funciona en contraste con simplemente estudiar un tema en particular durante un período extendido antes de pasar a otro tema. Este método de distribuir sesiones de aprendizaje y dominio puede parecer muy complejo y agitado considerando que tendrás que estar haciendo malabares con tantas cosas a la vez. Pero hay una forma de hacer que este método sea más eficiente y efectivo que los métodos tradicionales de aprendizaje y estudio.

El proceso de poder espaciar eficientemente tu aprendizaje se llama práctica entrelazada, y esa es precisamente la pedagogía de aprendizaje que servirá como el tema central de este capítulo. Cuando puedes intercalar eficientemente diversas disciplinas y prácticas en una sola sesión de estudio, estás cubriendo mucho más terreno en un corto período de tiempo.

Según Benedict Carey, autor del éxito de ventas "How We Learn: The Surprising Truth About When, Where, and Why It Happens", el enfoque más inteligente para el aprendizaje acelerado sería abordar múltiples facetas de una disciplina específica al mismo tiempo (Carey, 2014). Cuando te enfocas en un aspecto particular del aprendizaje, es fácil seguir tu progreso en poco tiempo. Por ejemplo, si estás aprendiendo a tocar la guitarra, puede resultar muy fácil sentir que estás progresando mucho cuando sólo te enfocas en memorizar los acordes. Sin embargo, con este método de aprendizaje, también estás descuidando otros aspectos esenciales para aprender a tocar la guitarra, como escalas, patrones de rasgueo, tonos, y más. Puede que estés dominando un aspecto de tocar la guitarra, pero estás lejos de dominar el instrumento musical en su totalidad. Carey sugiere que sería mucho mejor alternar el aprendizaje de diversas habilidades dentro de una sola práctica o sesión de aprendizaje. Aunque el progreso pueda parecer más lento a corto plazo, ofrece un enfoque más holístico al aprendizaje que se traduciría en beneficios a largo plazo. Una comprensión más holística de una teoría o disciplina en particular siempre sería un enfoque mucho más eficiente para aprender que centrar tus esfuerzos en un aspecto a la vez.

Otro gran ejemplo sería el arte de dominar las artes marciales mixtas o MMA. Esta forma de lucha o entrenamiento atlético incorpora diversas formas de artes marciales y acondicionamiento físico. Vas a querer desarrollar habilidades básicas en golpear y luchar, al mismo tiempo que te aseguras de tener la fuerza, resistencia, coordinación, velocidad y resistencia que puedas necesitar para tener éxito en el deporte. Durante tus sesiones de entrenamiento o práctica, en lugar de centrarte en solo un aspecto de las MMA por sesión, podría ser una buena idea tocar varios aspectos de la misma. Puedes sentir que estás progresando sustancialmente en una sola sesión si dedicas toda la sesión de práctica a tus habilidades de golpeo, o puedes sentir mejoras dramáticas después de solo un par de sesiones practicando tus técnicas de golpeo. Sin embargo, no estás teniendo en cuenta el hecho de que estás descuidando todos los demás aspectos de las artes marciales mixtas que son fundamentales para tu éxito. Según la teoría de Carey, sería mucho mejor integrar golpear, entrenamiento cardiovascular, entrenamiento de fuerza y lucha en una sola sesión. Es posible que no veas una mejora instantánea en ninguno de estos aspectos, y el progreso puede sentirse lento, pero en última instancia, estás haciendo mucho más progreso hacia el objetivo mayor. Este método de práctica y aprendizaje se trata más de progresar en el esquema más grande de las cosas en un corto período de tiempo.

Este método de aprendizaje también refuerza la idea de que el agente humano es capaz de equilibrar varias habilidades y disciplinas en cualquier momento dado. La capacidad humana para aprender funciona mejor cuando está constantemente siendo desafiada y llevada a sus límites. Pero nuevamente, ¿cómo sabes cuándo estás haciendo la práctica entrelazada correctamente? ¿Cómo averiguas si estás siendo ineficiente con tu práctica o no? Estas son preguntas perfectamente válidas para hacer. De hecho, hay una forma adecuada y eficiente de llevar a cabo la práctica entrelazada. Solo asegúrate de recordar estos 4 principios principales:

Asegúrate de que las habilidades y disciplinas que entrelazas estén relacionadas.

A primera vista, la práctica entrelazada solo va a parecer caótica porque la idea de incorporar diferentes temas o disciplinas en una sola sesión de estudio suena completamente abrumadora. Sin embargo, el verdadero propósito de la práctica entrelazada no es que satures temas e ideas aleatorias en una sola sesión de aprendizaje y práctica. Siempre debes asegurarte de que tus habilidades y disciplinas entrelazadas estén relacionadas entre sí. Por ejemplo, no vas a querer combinar el estudio de teoría musical y la práctica de baloncesto en una sola sesión de práctica. Eso simplemente no tendría sentido. Sin embargo, sería mucho más fácil gestionar ese "caos" si incorporas armonía, historia de la música, escalas musicales y ritmo en una sola sesión de práctica. Todos estos temas e ideas están interrelacionados, y hay una manera de conectarlos todos bajo un mismo paraguas de aprendizaje.

La práctica entrelazada solo puede parecer desordenada y desorganizada cuando no estás haciéndola de la manera correcta. Sin embargo, si encuentras la forma de relacionar todas las disciplinas entrelazadas que estás incorporando en tu práctica, entonces todo comenzará a tener más sentido. Es como tocar múltiples notas al unísono para producir una hermosa armonía.

Estudiar de forma no lineal.

Espontaneidad, dinamismo y aleatoriedad organizada, esta es la esencia misma de la práctica entrelazada. Vas a querer desechar un estilo lineal de aprendizaje. No tienes que siempre empezar en el punto A antes de poder llegar al punto B. No siempre tienes que completar cada tarea en el punto C antes de poder comenzar tu viaje hacia el punto D. Con la práctica entrelazada, estás malabareando múltiples habilidades y disciplinas al mismo tiempo. Estás en camino al punto B aunque no hayas terminado necesariamente con el punto A. Ya estás progresando hacia el punto D aunque aún no hayas tocado el punto C. La práctica entrelazada libera tu horario de aprendizaje al permitirte trabajar en diferentes cosas al mismo tiempo.

Sin embargo, todavía hay cierto sentido de orden y organización detrás de todo este supuesto caos. Quieres asegurarte de que sigues activamente todo el progreso que estás haciendo en varios campos. Idealmente, querrás ser holístico en tu enfoque hacia el auto-desarrollo. Eso significa que, si bien sería ideal que te destaques en uno o dos campos diferentes, nunca querrás comprometer o descuidar las otras disciplinas en tu práctica. Se trata de equilibrio. Sí, es posible que seas más competente en un aspecto de tu práctica que en los demás, pero en la medida de lo posible, querrás asegurarte de desarrollar un sentido de dominio y competencia en todos los aspectos de tu práctica.

Incorpora otras estrategias de aprendizaje en tu práctica interleaved.

No tengas miedo de incorporar muchas de las otras metodologías de aprendizaje acelerado que leerás en este libro en tu práctica entrelazada. Por ejemplo, es posible que quieras usar los binaural beats para enfocarte mientras participas en tus sesiones de estudio de práctica entrelazada. Es posible que aún no sepas qué son los binaural beats, pero lo harás, siempre y cuando continúes leyendo este libro. El aprendizaje transformador implica ser capaz de desechar los métodos tradicionales de aprendizaje para dar paso a tácticas de aprendizaje revolucionarias. Nunca debes tener miedo de ser creativo e incorporar prácticas que mejoren tus hábitos de estudio personales.

La práctica intercalada simplemente sirve como un principio rector general que puedes seguir a lo largo de tu proceso de aprendizaje. Eso no significa que sea una práctica completamente inflexible que no permita la incorporación de otras técnicas y metodologías de aprendizaje. Puedes optar por usar tarjetas de memoria o dispositivos mnemotécnicos. Estos también son metodologías de aprendizaje acelerado sobre las que eventualmente leerás a medida que avances en este libro. En última instancia, hay posibilidades ilimitadas de cambios y adiciones que puedes hacer a la filosofía de aprendizaje de práctica intercalada. Solo tienes que ser creativo. Piensa fuera de la caja.

No te rindas ante la falta de gratificación instantánea.

Uno de los aspectos más desalentadores de la práctica entrelazada es que no produce resultados dramáticos de inmediato. Puede ser muy descorazonador para el aprendiz sentir que no se ha progresado mucho a pesar de manejar múltiples temas e ideas dentro de una sola sesión de aprendizaje cada vez. Es prácticamente una sobrecarga de información durante cada práctica, y la cantidad de esfuerzo y enfoque requeridos para estar completamente comprometido todo el tiempo puede ser muy abrumadora. Sería más fácil soportar la carga de trabajo si se ven, sienten o experimentan los resultados. Sin embargo, los resultados no siempre llegan de inmediato. Por eso puede ser sumamente tentador renunciar justo al principio.

Pero ese es el tipo de mentalidad que tienes que desechar si estás comprometido con la práctica entrelazada. Los resultados que buscas no van a ser inmediatos. Sin embargo, debes recordarte a ti mismo que no estás jugando el juego corto aquí. Estás estudiando para el largo plazo. Solo tienes que poder confiar en el proceso y creer que cada esfuerzo que pongas en tu práctica hoy va a dar frutos a largo plazo.

Capítulo 4: Método PACER

Joe McCullough, autor de Aprendizaje Acelerado para Estudiantes: Aprende Más en Menos Tiempo, es un aficionado del Aprendizaje Acelerado cuyas obras han sido utilizadas y seguidas por estudiantes y buscadores de conocimiento en todo el mundo. Además de ser un autor publicado, también dirige un blog dedicado a técnicas y metodologías de aprendizaje. En una de sus publicaciones más populares, destaca el método PACER que desarrolló él mismo. Afirma que el método PACER es uno que puede ser seguido por cualquier persona para adaptarse a cualquier búsqueda de aprendizaje y dominio (McCullough, 2013). El método de hecho se desglosa en 5 pasos diferentes, que conforman el acrónimo PACER. Aquí están todos los pasos específicos del método PACER:

Prepara tu Estado de Aprendizaje

Según McCullough, lo primero que tienes que hacer cuando empiezas a aprender una nueva habilidad o dominar una nueva forma de arte, es muy importante que primero te prepares mental, emocional y físicamente. Siempre debes asegurarte de colocarte en un espacio mental positivo. Necesitas motivarte intrínsecamente y puede ser muy difícil acceder a esa motivación cuando hay demasiadas barreras negativas que te lo impiden. Es absolutamente esencial que estés completamente comprometido, concentrado y enfocado en todo lo que tendrás que hacer. A veces dicen que la parte más difícil es encontrar la motivación para comenzar. Pero lo que no te dicen es que también tienes que empezar las cosas de la manera correcta.

Si te embarcas en un nuevo proyecto de aprendizaje con una nota negativa, entonces básicamente te estás preparando para el fracaso. ¿No quieres dispararte en el pie desde el principio, verdad? Un aspecto muy importante para encontrar éxito en el aprendizaje es cultivar un ambiente que te prepare para el éxito, pero no mucha gente se da cuenta de que es igual de importante establecer un estado mental interno que optimice todo el proceso de aprendizaje en su totalidad. Quieres asegurarte de tener una mentalidad confiada, positiva, creativa y abierta antes de embarcarte en tu viaje de aprendizaje.

Adquiere las habilidades y el conocimiento

Una vez que estás en un estado óptimo para aprender, ahora debes adquirir las habilidades y el conocimiento necesarios para dominar cualquier disciplina en la que estés interesado. Todo comienza con que primero llegues a un acuerdo sobre cuál es la visión general. Debes poder entender todo el tema para poder obtener una comprensión holística y completa de lo que estás a punto de emprender. Una vez que tengas un buen entendimiento general de un tema, esencialmente estás dando a tu cerebro un vistazo de todo el viaje en el que está a punto de embarcarse. Es posible que todavía no tengas todos los detalles, pero sabes por dónde empezar, a dónde debes ir y qué debes hacer para llegar allí. Una vez que puedas entender y captar todas estas cosas, entonces podrás determinar mejor el mejor enfoque para alcanzar tus objetivos. Ahora, podrás determinar qué estilo de aprendizaje y comunicación te convendría mejor para la tarea en cuestión.

Hallazgos en el campo de la Programación Neurolingüística, o PNL, han identificado tres estilos de aprendizaje particulares: visual, auditivo y kinestésico. Es importante tener en cuenta que todos son capaces de aprender y absorber información utilizando los tres estilos. Sin embargo, algunas personas son mejores procesando nueva información y conceptos desconocidos con uno o dos estilos en particular. Si comprendes cuál es tu estilo de aprendizaje preferido, querrás apostar por eso y realmente adoptar ese método cuando se trata de aprender. Es entonces cuando empiezas a absorber todos los detalles necesarios para obtener competencia y maestría en la disciplina que estás perfeccionando.

Cementa tu aprendizaje.

Una vez que haya absorbido con éxito toda esta nueva información, es absolutamente esencial que pueda cementar todos estos datos en su memoria a largo plazo. No tiene sentido dedicar el tiempo y gastar su energía en aprender todos estos nuevos conceptos solo para que los olvide más adelante. Sería un completo desperdicio de tiempo y esfuerzo de su parte si no logra grabar permanentemente estas lecciones en su mente. Por eso, la tercera fase del método PACER es que cementes tu aprendizaje. Quieres asegurarte de que las lecciones que estás asimilando se almacenen en el disco duro interno de tu mente.

Puedes retener mejor tu memoria de estas lecciones y conceptos al ponerlos en práctica de manera práctica. Según McCullough, hay investigaciones que respaldan la idea de que las personas pueden recordar conceptos mejor si pueden aplicarlos a la vida cotidiana. Por ejemplo, si te has propuesto aprender más sobre diseño de interiores, tal vez puedas tomar todos los conceptos teóricos que estás aprendiendo y aplicarlos a tu vida diaria. Tómate un tiempo para hacer cambios de diseño en tu trabajo o espacios de vida. Si estás aprendiendo teoría musical y actualmente estás estudiando el tema de escalas, entonces toma un instrumento musical y comienza a practicar esas escalas. Ser capaz de poner estos conceptos en uso práctico te ayudará a memorizarlos a largo plazo.

Examinar y Aceptar

Esta fase del método PACER podría estar tomando un página del estilo tradicional de educación formal, pero es importante que puedas evaluarte a ti mismo y medir tu progreso hasta ahora. Esto significa que, además de simplemente poner en práctica lo que has aprendido, vas a querer medir hasta qué punto has avanzado en tu proceso de aprendizaje. El objetivo de esta fase en particular es que te obligues a recordar y recapitular todo lo que has aprendido hasta ahora. Además de eso, también vas a querer ver si has pasado por alto algo o si hay lagunas en tu conocimiento. Quieres asegurarte de haber establecido una estructura y base para tu aprendizaje, pero también quieres asegurarte de que no haya grietas que hayas dejado sin revisar.

Una vez que te sientas satisfecho con lo que has aprendido hasta ahora, ahora es el momento de aplicarlo todo y hacer uso de ello. Si has estado aprendiendo a tocar el piano, quizás puedas intentar audicionar para una banda o hacer un show privado para tus amigos. Si has estado perfeccionando el arte de la arquitectura, tal vez puedas intentar solicitar un trabajo o una pasantía en una firma de arquitectura. Aprovecha todo el conocimiento que has adquirido y aplícalo a tu vida de una manera significativa.

Revisar, modificar y recompensar

Este es ahora el paso final del método PACER: Revisión, Revisión y Recompensa. Tienes que repasar todo el proceso de aprendizaje en su totalidad y analizar qué tan bien (o qué tan mal) podría haber funcionado para ti. Cuando te involucras en estos métodos de autoevaluación y reflexión, también estás desarrollando tu comprensión del aprendizaje, el crecimiento y el desarrollo. Como probablemente ya habrás descubierto, el aprendizaje no va a ser necesariamente un proceso lineal. Va a requerir mucho análisis, revisión y reagrupamiento también. No estás constantemente avanzando. Por eso es importante que puedas mirar hacia atrás y detectar cualquier área potencial de mejora a medida que buscas aprender en el futuro.

Además, quieres poder celebrar y recompensarte hasta cierto punto. Te propusiste una meta y la alcanzaste. Te comprometiste con una tarea en particular y la llevaste a cabo hasta el final. Esto es algo de lo que definitivamente deberías estar orgulloso/a, y no deberías tener miedo de celebrarlo.

Capítulo 5: Mapas Mentales

El proceso de mapas mentales no es necesariamente algo nuevo. Es una herramienta muy efectiva para organizar los pensamientos de uno de manera que se cree un camino limpio, ordenado y estructurado hacia el aprendizaje. La mente humana tiende a estar muy desordenada, espontánea y simplemente caótica la mayor parte del tiempo. Esto puede dificultar mucho el proceso de aprendizaje, ya que el cerebro solo puede dedicar tanta potencia a ideas y conceptos específicos.

En una popular charla de TEDx realizada por Hazel Wagner, Ph.D. en noviembre de 2017, argumentó a favor del mapeo mental como una herramienta muy efectiva para el aprendizaje acelerado. La charla completa de TEDxNaperville está disponible para ver en YouTube y ha obtenido casi 900,000 visitas hasta la fecha de esta escritura. Wagner ha sido una aprendiz toda su vida y tiene más de 4 títulos, incluido un Ph.D. en Matemáticas. En el video, afirma que el mapeo mental la ha ayudado en tareas que requieren comprensión, memorización y retención. Se especializa en la teoría del mapeo mental y se ha comprometido a enseñar a otros cómo puede ayudar en la mejora de la memoria, la planificación, el estudio y más.

Ella dice que el mapeo mental es un método en el que una persona toma notas mientras fortalece su memoria.

Todo el método está diseñado de una manera que fomenta el funcionamiento cerebral saludable y el rendimiento cognitivo en lugar de limitarlo. Ella afirma que el método estándar de tomar notas es contraproducente para el aprendizaje porque es básicamente equivalente a transcribir. Tomar notas nunca es un método efectivo de aprendizaje porque le quita el análisis, la comprensión y la absorción eventual de un tema. Las facultades mentales necesarias para participar en la toma de notas disminuirían la capacidad de uno para analizar y aprender de manera más efectiva.

Mapeo mental, dice Wagner, es una forma de tomar notas más participativa mentalmente porque recluta varias partes del cerebro que requieren análisis, absorción y retención. Wagner sostiene que el cerebro no almacena párrafos o frases enteras, por lo que sería inútil tomar notas de párrafos y frases enteras. En su lugar, postula que el cerebro almacena ideas, imágenes y conexiones entre principios, conceptos y lecciones.

No es solo Wagner quien se está desempeñando como un importante defensor del mapeo mental como una herramienta efectiva para el aprendizaje y la adquisición de conocimientos. Los defensores del mapeo mental dicen que cuando te involucras en el proceso de desglosar ideas grandes en conceptos más simples y pequeños para que estudies y analices, se vuelve más fácil para el cerebro comprender y retener toda esa información. Para maximizar completamente los efectos del mapeo mental para el aprendizaje acelerado, es posible que desees considerar seguir estos pasos (dependiendo de lo que estás estudiando y cuáles son tus objetivos, es posible que puedas saltarte uno o más de estos pasos):

Enfócate en el tema central principal

En primer lugar, vas a querer comenzar tu mapa mental con el tema central de lo que quieres estudiar. Tu mapa mental no puede estar compuesto de diferentes conceptos y temas desde el principio. Cada idea que vayas a estudiar y dominar debe surgir de una idea principal, y eso es lo que debe servir como el tema central de tu mapa mental. Todo tiene que poder conectarse con lo que va a ser tu tema central. Es la base de tu casa. Es el tronco de tu árbol. Es el lienzo en blanco en el que vas a pintar tu obra maestra del mapa mental.

Una vez que puedas establecer cuál es el tema central de tu mapa mental, pasa a los temas secundarios. Asegúrate de que todos tus temas secundarios tengan enlaces directos con los temas centrales. Una vez que sientas que has completado los temas secundarios, pasa a los temas terciarios, y así sucesivamente. Continúa este proceso hasta que sientas que has cubierto todas las bases. Asegúrate de que todas las conexiones y enlaces estén en el lugar correcto antes de pasar a la siguiente fase del mapeo mental.

Sintetiza todos los datos

Tu mapa mental podría seguir siendo un poco torpe y desordenado en este punto, pero está bien. Eso es algo que se espera y es perfectamente normal. Es durante este paso donde se llevará a cabo toda la limpieza de esos datos. Echa un vistazo cuidadoso a tu mapa mental e intenta evaluar cuáles ideas son importantes y cuáles no lo son. Intenta considerar cada idea, y si parece que te aleja del tema central del mapa mental, entonces simplemente abandónala por completo y pasa a otra. Si sientes que una idea en particular te está ayudando a alcanzar tus metas, entonces trata de sacarle todo el provecho posible. Investiga y lee todo lo que consideres importante. Aquí es donde descartas todo lo que no tenga valor y te enfocas en las cosas que sí lo tienen.

Utilizar ayudas visuales e imágenes

Para ayudar a retener toda esta información, trata de utilizar ayudas visuales e imágenes. No es suficiente que llenes tu mapa mental con un montón de palabras y párrafos largos. Para reforzar el punto aún más, querrás incorporar ayudas visuales u otras formas de pistas sensoriales que puedan ayudarte a identificar un concepto o una idea mejor.

Crear presentaciones visuales

Una vez que sientas que ya tienes un borrador de tu mapa mental, puede ser lo mejor formalizar todo lo que has aprendido en una presentación visual organizada que puedas mostrar a tus compañeros y colegas. Hay dos razones para este paso en particular: en primer lugar, te obligaría a ver realmente cuánta información has adquirido a lo largo de tus estudios. Y en segundo lugar, tu habilidad para comunicar estas ideas y lecciones a otras personas en forma visual mediría cuánto entiendes un tema o disciplina en particular. Al crear tu presentación visual, recuerda tener en cuenta lo siguiente:

- Resuma todo el proceso de aprendizaje.

- Siempre basa tus aprendizajes en información precisa.

- Desarrolle sus propios pensamientos e ideas sobre los materiales de aprendizaje que utilizó.

Recopilar comentarios de otros

Por último, es posible que desees considerar recopilar comentarios de otras personas. Un aspecto clave de aprender cualquier cosa en la vida es saber que no siempre podrás ver las cosas desde todas las perspectivas. No siempre vas a tener la respuesta. Es por eso que siempre habrá un valor inherente en buscar la perspectiva y pensamientos de otras personas. No tengas miedo de presentar tu mapa mental a alguien a quien puedas considerar como tu superior o mentor en el campo. Una vez que seas lo suficientemente abierto y humilde para poder recibir retroalimentación externa, estarás mejorando aún más tu capacidad para aprender y absorber nueva información que podría ser valiosa para ti en el futuro.

Capítulo 6: Dispositivos Mnemotécnicos

Hay ciertas cosas que son más fáciles de recordar desde el fondo de tu mente que otras. Por ejemplo, es fácil recordar un comentario negativo que hizo hace varias semanas un superior sobre tu desempeño en la oficina. Pero al mismo tiempo, tendrás dificultades para mantener un seguimiento de todos los detalles importantes que se discutieron en la reunión de hoy en la oficina. ¿Por qué sucede eso? ¿Por qué una memoria es tan vívida mientras que la otra no? Esto no es realmente algo raro en las personas. De hecho, sucede a menudo y hay una razón para ello. La verdad irónica de todo esto es que es mucho más desafiante recordar las cosas que quieres recordar sobre recuerdos aleatorios en tu cerebro que simplemente no puedes eliminar. Probablemente te hayas quedado atascado en medio de una reunión tratando de recordar una pieza valiosa de información que ayudaría a tu presentación. Pero luego, no tienes problema para recitar líneas de un poema que leíste cuando estabas en la escuela primaria. Todo esto está sucediendo por diseño, y no hay nada de azaroso en absoluto. Hay una razón muy específica por la cual eres capaz de recordar ciertas cosas y por qué olvidas otras.

Aquí es precisamente donde entran en juego las técnicas mnemotécnicas, y este capítulo se va a dedicar al arte de utilizar dispositivos mnemotécnicos para ayudar a mejorar la memoria y retención del conocimiento. En pocas palabras, un dispositivo mnemotécnico es básicamente cualquier palabra, imagen, frase o sonido que puedas atribuir a una idea en particular. Todo el sistema mnemotécnico se basa en el principio de que atribuyas un detalle complejo y difícil de recordar a un concepto familiar que sea más fácil de comprender para ti. Un dispositivo mnemotécnico muy popular que se utiliza ampliamente hoy en día está diseñado para enseñar a los niños el orden correcto de los planetas en el Sistema Solar:

Mi Muy Excelente Madre Acaba de Servirnos Nueve Pizzas.

Si tomas la primera letra de cada palabra en esa oración muy distintiva y fácil de recordar, entonces podrías recordar fácilmente el orden correcto de los planetas en el Sistema Solar.

Mercurio, Venus, Tierra, Marte, Júpiter, Saturno, Urano, Neptuno y Plutón

Bueno, dicen que Plutón ya no es realmente un planeta, pero entiendes el punto del dispositivo mnemotécnico. Esta frase mnemotécnica se considera un acróstico mnemotécnico en el que las primeras letras de las palabras se utilizan para representar las pistas de lo que estás tratando de recordar. Sin embargo, no todos los dispositivos mnemotécnicos están diseñados de esta manera. Por ejemplo, al enseñar a los niños pequeños cómo escribir por primera vez, este dispositivo mnemotécnico se utiliza a menudo para diferenciar las minúsculas "b" y "d" al escribir:

"B" significa brillante, así que coloque el círculo a la derecha.

Este dispositivo mnemotécnico, en particular, incorpora el uso de rima e imágenes visuales para ayudar a enfatizar el punto. También hay otras imágenes visuales que las personas pueden imaginar en sus mentes y que pueden ser utilizadas como dispositivos mnemotécnicos. Por ejemplo, al intentar recordar cómo deletrear correctamente la palabra "necesario", uno solo tiene que recordar la imagen de una camisa. En una camisa normal, hay solo un cuello y dos mangas. En la palabra "necesario", hay solo una letra "C" y dos letras "S".

Los dispositivos mnemotécnicos pueden resultar útiles cuando intentas aprender términos muy técnicos que quizás aún no uses a diario. También ayuda si logras establecer una conexión entre el dispositivo mnemotécnico y la información que intentas recordar en tu mente. Un buen ejemplo sería si estuvieras estudiando religión y tuvieras que recordar los primeros cinco libros del Antiguo Testamento. El dispositivo mnemotécnico destacado en este ejemplo va a establecer una conexión entre sí mismo y los temas del tema que estás intentando aprender:

Dios igual a luz, no oscuridad, podría ayudarte a recordar que los primeros cinco libros del Antiguo Testamento son Génesis, Éxodo, Levítico, Números y Deuteronomio.

Una de las grandes cosas acerca de los dispositivos mnemotécnicos es que no necesariamente tienes que ser creativo con ellos si no quieres. Si estás estudiando un campo académico relativamente común o popular, entonces es probable que haya un dispositivo mnemotécnico que te pueda ayudar con tus estudios. Incluso una simple búsqueda en internet sería suficiente para ayudarte a encontrar algunos dispositivos mnemotécnicos geniales que puedes incorporar en tu rutina de estudio. Sin embargo, los mnemotécnicos siempre son más efectivos cuando te tomas el tiempo de construirlos por tu cuenta. Aunque esto podría no ser una técnica que te salga naturalmente al principio, es algo que eventualmente podrás acostumbrarte a hacer.

Si eres más inclinado hacia la música que la mayoría de las personas, también podría ser una buena idea usar canciones o música como un dispositivo mnemotécnico. Podría ser más fácil atribuir o asociar ciertos términos e ideas complejas con canciones que ya te resulten familiares. Tal vez estudiar un tema complejo con una canción en particular sonando de fondo pueda ayudarte a recordar estas ideas mejor simplemente recordando la canción con la que las has asociado. Por ejemplo, reemplazar palabras clave en la estructura lírica de una canción que conoces de memoria puede ayudar en la memorización.

Capítulo 7: El Arte de la Lectura Rápida

Los libros siempre van a jugar un papel constante en los medios de comunicación y la academia. A pesar de la revolución tecnológica que ha introducido el uso de computadoras, tabletas y teléfonos, los libros siguen ocupando su lugar como una fuente importante de información. Claro, siempre puedes hacer una búsqueda rápida en Google cuando quieres saber más sobre un tema en particular. Puedes ver un video corto en YouTube para resumir lo que sucedió durante la Revolución Francesa o la Guerra Fría. Sin embargo, la gente siempre va a inclinarse naturalmente hacia la lectura de libros para aprender tanto como puedan sobre un tema específico que despierte su interés.

Sin embargo, el problema con los libros es que pueden ser muy difíciles de leer de un tirón. ¿Alguna vez te has encontrado abriendo un libro y leyendo la misma oración una y otra vez durante cinco minutos seguidos? No es una manera muy eficiente de estudiar, ¿verdad? Bueno, este es un problema común que mucha gente enfrenta, y no deberías sentirte mal al respecto. Este capítulo te ayudará a ti y a todos los que tengan problemas para leer de manera más efectiva. A medida que avances en este capítulo, aprenderás cómo acelerar el tiempo que te lleva leer un libro, y también te ayudará con técnicas comunes de retención que puedes usar para recordar lo que lees.

Hay un argumento a favor de la lectura rápida como la habilidad más importante que debes aprender y desarrollar si realmente quieres aprovechar al máximo tu potencial de aprendizaje. Cuanto mayor sea la velocidad con la que puedas absorber la información, más eficiente serás con el tiempo y el esfuerzo que dedicas al aprendizaje. Según un informe sobre lectura rápida de la revista Forbes, los estudios muestran que el adulto promedio lee alrededor de 300 palabras por minuto (Nelson, 2012). A ese ritmo, a las personas les tomaría aproximadamente 3-4 horas leer un libro de no ficción de longitud promedio. Si estás buscando leer uno o dos libros a la semana, esto podría resultar problemático ya que es muy difícil para un adulto que trabaja en el mundo moderno encontrar tanto tiempo extra en un día para dedicar a la lectura. Aquí es exactamente donde entra en juego el arte de la lectura rápida.

Haciendo referencia a más trabajos de Tim Ferriss y su investigación sobre el aprendizaje y la productividad, él afirma que la técnica de lectura rápida puede aumentar la velocidad de lectura de una persona hasta en un 300% (2009). Describe su técnica de lectura rápida en un módulo llamado El Proyecto PX, que se puede completar en un lapso de 3 horas y está diseñado para aumentar drásticamente la velocidad de lectura de una persona. Se resaltan en este capítulo las diversas fases del Proyecto PX y los pasos que debes tomar para mejorar tu velocidad personal de lectura.

Preparación

Lo primero que necesitarás para llevar a cabo este

proyecto es un libro que nunca hayas leído antes. Idealmente sería un libro de no ficción y tendría al menos 200 páginas. También deberías tener algún tipo de cronómetro o temporizador listo contigo.

Definiciones y Distinciones del Proceso de Lectura

Ahora que tienes las herramientas físicas que necesitas para llevar a cabo el proyecto, es importante que primero te familiarices con las definiciones básicas y las distinciones que en realidad conforman el proceso de lectura.

Minimizar la duración y el número de fijaciones por línea

Contrariamente a la creencia popular, no necesitas necesariamente leer una oración en una única forma lineal, tomando una palabra a la vez. De hecho, puedes leer en un salto, saltando de un segmento de una línea a otro. Estos se llaman sacadas o movimientos sacádicos. Después de cada sacada que haces, te detienes temporalmente y haces una captura mental de dónde están fijos tus ojos. Cada fijación estándar va a durar alrededor de 0.25-0.5 segundos. Para leer más rápido, vas a querer minimizar la duración y el número de fijaciones que tienes por línea.

Eliminar la regresión y el retroceso.

Para los lectores no entrenados, la regresión y la retrolectura son hábitos negativos consistentes que ocurren mientras se lee. La regresión es el acto de releer conscientemente una sola línea o frase una y otra vez. La retrolectura es la fijación errónea de lugares previamente cubiertos en la página. No mucha gente se da cuenta de que esto realmente puede agregar tiempo a la lectura de una persona. De hecho, incluso puede ocupar hasta un 30% de la duración total de lectura de una persona.

Aumentar la visión periférica horizontal y el número de palabras registradas por fijación.

Para el lector no entrenado, es común emplear un enfoque central sin hacer uso de la visión periférica horizontal mientras lee. Esto puede dejar fuera hasta el 50% de las palabras dentro de una sola fijación.

Protocolo

Con el protocolo, se le informará sobre la técnica adecuada para la lectura, las aplicaciones adecuadas de estas técnicas a través del acondicionamiento, y los métodos adecuados de prueba para medir su eficiencia y comprensión en la lectura.

Estos objetivos y facetas del protocolo son todos independientes y debes enfocarte en cada uno de ellos de forma individual. Si estás trabajando en la velocidad de tu lectura, entonces no debes preocuparte por la comprensión. Para obtener los mejores resultados posibles, querrás practicar la lectura a aproximadamente 3 veces la velocidad de tu velocidad de lectura objetivo. Por ejemplo, es posible que en este momento estés leyendo a 300 palabras por minuto y esperas aumentar tu velocidad a 800 palabras por minuto. Eso significa que tendrás que practicar la lectura a una velocidad de 2400 palabras por minuto. Se abordarán dos técnicas principales en esta introducción:

- Trackers y marcadores, para abordar la fijación prolongada, regresión y retroceso en la lectura.

- Expansión perceptual, para abordar la fijación del enfoque central.

Determinar una línea base

Para que puedas determinar tu velocidad de lectura actual, toma el libro que hayas preparado antes de empezar este proyecto y cuenta el número total de palabras en 5 líneas y luego divídelo entre 5. El cociente debe ser el número promedio de palabras por línea.

Entonces, si tienes 65 palabras después de 5 líneas de escritura, tendrías que dividir 65 por 5. La respuesta que obtendrías sería 13. Por lo tanto, tienes un promedio de 13 palabras por línea. Después de eso, cuenta el número total de líneas en 5 páginas, y luego divide el número total por 5 para obtener tu número promedio de líneas por página. Si hay 155 líneas después de 5 páginas, entonces tu número promedio de líneas por página sería 31. Después de eso, multiplica el número promedio de palabras por línea y el número promedio de líneas por página.

En este caso, tendrías que multiplicar 13 por 31. La respuesta que obtendrías es 403. Esa sería la cantidad promedio de palabras por página.

Una vez que hayas terminado con todos los cálculos, puedes empezar a probar tu velocidad de lectura. Configura tu temporizador de cuenta regresiva durante 1 minuto y procede a leer como lo harías normalmente. No aceleres tu lectura. Lee con una comprensión adecuada. Después de un minuto, multiplica el número total de líneas que has leído por el promedio de palabras por línea para que puedas determinar tu velocidad de lectura básica en palabras por minuto.

Rastreadores y Marcadores

Como se mencionó, los rastreadores y los marcadores se utilizan para abordar los problemas que tienes con las fijaciones prolongadas, las regresiones y el retroceso. La importancia del rastreador se va a destacar a medida que profundices en lo que puedes hacer para mejorar realmente tu velocidad de lectura. Piensa en el momento en que estabas contando el número de palabras y líneas en tu libro. ¿Utilizaste algún tipo de puntero como un dedo o un bolígrafo?

Si lo hiciste, entonces esa es básicamente la explicación de por qué es importante un rastreador. Necesitas una ayuda visual para determinar la precisión y eficiencia de tus patrones de fijación. Para que puedas condicionarte a leer más rápido, es importante que puedas deshacerte de las cosas que hacen que tu proceso de lectura sea ineficiente en su totalidad.

Para los fines de este ejercicio, debes usar un bolígrafo. Dibuja una línea invisible subrayando mientras lees cada línea manteniendo el punto de fijación justo encima del bolígrafo. Este punto dinámico sirve como tu rastreador y marcador para ayudarte a mantener una velocidad constante mientras estás leyendo.

Primero, querrás trabajar en la técnica. Para la fase de seguimiento, debes deshacerte de la necesidad de comprender lo que estás leyendo. Lo importante es que tu fijación pueda moverse de manera fluida a través de la línea en no más de un segundo. Utiliza el bolígrafo como tu seguimiento y tu ritmo mientras lees cada línea. Nuevamente, asegúrate de que cada línea no tome más de un segundo en leer. Haz esto durante unos 2 minutos seguidos.

A continuación, vas a querer aumentar un poco el ritmo. Realiza la misma tarea de seguimiento como se explicó anteriormente sin prestar atención a la comprensión. Concéntrate completamente en la velocidad. Excepto que ahora, debes leer toda la línea en menos de medio segundo. Así es. Medio segundo. Y vas a querer hacerlo durante un total de 3 minutos. Concéntrate realmente en el ejercicio en cuestión y no te detengas hasta que suene la alarma.

Expansión perceptual

Ahora es hora de que trabajes en tu expansión perceptual. Intenta mirar al centro de tu pantalla de computadora o pantalla de teléfono. Concéntrate en el centro exacto de la pantalla. Si te estás enfocando en el área correcta, seguirás siendo capaz de percibir y registrar los lados de la pantalla. Esto se llama visión periférica, y muchas veces, la visión periférica se pasa por alto al leer. Si realmente quieres aumentar tu velocidad de lectura, tendrás que maximizar tu visión periférica en tu técnica de lectura también.

Nuevamente, para que puedas entrenar esta habilidad correctamente, podrías querer reclutar los servicios de un bolígrafo como rastreador.

Para la fase de técnica de esta habilidad, vas a querer usar un bolígrafo para marcar tu lectura a no menos de una línea por segundo. Comienza leyendo una palabra desde la primera palabra de cada línea, y termina una palabra fuera de la última palabra de cada línea. Nuevamente, en esta fase, querrás dejar de lado la comprensión. Ese no es el punto del ejercicio en este momento. Asegúrate de no exceder la duración de un segundo por cada línea. Haz esto durante un minuto seguido.

Para la segunda parte de la fase de la técnica, haz lo mismo que en la parte anterior, excepto que aumenta el número de palabras. Entonces, en lugar de empezar con una palabra y terminar con una palabra, querrás hacerlo con dos palabras. Sin embargo, es importante que sigas manteniendo una velocidad de lectura de no más de una línea por segundo. Haz esto durante un minuto seguido.

Para la fase de velocidad de esta habilidad, ahora querrás comenzar 3 palabras en y terminar 3 palabras fuera de cada línea. Repite la misma técnica sin exceder más de 0.5 segundos por cada línea. Hazlo durante 3 minutos seguidos.

Es probable que no vayas a comprender nada durante toda esta fase de la práctica. Sin embargo, ese realmente no es el punto de este ejercicio por el momento. Simplemente estás trabajando en tu técnica y en tu velocidad. La comprensión llegará una vez que puedas adquirir competencia en tu técnica. Asegúrate de mantener siempre la concentración en lo que estás leyendo y no permitas que tu mente divague.

Calcula tu nueva velocidad de lectura (PPM)

Ahora es el momento de calcular tu nueva velocidad de lectura y ver cómo has progresado hasta ahora. Como hiciste al principio de este ejercicio, configura tu temporizador durante un minuto y comienza a leer a tu velocidad de comprensión más rápida. Al final del minuto, multiplica el número de líneas que has leído por lo que previamente determinaste como tu promedio de palabras por línea. El producto de esto será tu nueva velocidad de lectura o tasa de palabras por minuto.

Solicitud

Si has sido disciplinado y comprometido en tu práctica de lectura rápida, entonces habrás desarrollado una habilidad para ello. Si practicas lo suficiente para lograr triplicar tu velocidad de lectura, entonces ahora es el momento de aplicar tu nueva habilidad en tus hábitos de estudio. Sin embargo, ¿hay una manera correcta de hacerlo?

Bueno, sí. Tu lógica podría sugerir que dado que ahora eres capaz de leer tres veces más rápido de lo que solías poder, entonces eso significa que podrías leer tres capítulos completos en la misma duración que solía tomar leer solo un capítulo. Sin embargo, este enfoque no sería realmente bueno para el aprendizaje y la retención. Digamos que solía tomar una hora para leer un capítulo. Ahora que tu velocidad de lectura ha mejorado, no deberías intentar encajar tres capítulos completos en esa misma hora. Lo que quieres hacer es leer ese mismo capítulo tres veces. Este tipo de repetitividad va a ayudar con la retención y la memorización.

Capítulo 8: Aprendizaje acelerado a través de una toma de notas efectiva

Tu cerebro solo puede absorber tanta información en un corto período de tiempo, y por eso es casi un proceso instintivo para las personas tomar apuntes en una sesión de aprendizaje. Puedes ver por ti mismo cada vez que echas un vistazo a los estudiantes en las aulas o a los trabajadores de oficina en reuniones de empresa. Sin embargo, no muchas personas se dan cuenta de que la forma en que toman sus apuntes es muy ineficiente y en realidad contraproducente para el aprendizaje rápido. Eso no significa decir que tomar apuntes en sí mismo es una técnica de aprendizaje defectuosa. Simplemente hay maneras adecuadas de hacerlo para promover un aprendizaje optimizado y la absorción del conocimiento. Eso es exactamente lo que este capítulo intentará resaltar. Vas a estar equipado con un sistema adecuado de toma de apuntes que te ayudará a crecer y desarrollar tu conocimiento.

Antes de centrarnos en las cosas que necesitas hacer para optimizar el proceso de toma de notas, podría ser bueno que seas consciente de las cosas que estás haciendo mal. Una gran mayoría de personas que se dedican a tomar notas cometen el error de simplemente escribir notas solo con el propósito de poner palabras en papel. La mayoría de las veces, las personas hacen esto para tener una referencia a la que volver en el futuro cuando están estudiando. Sin embargo, esta es una forma completamente incorrecta de abordar la toma de notas. En primer lugar, es prácticamente imposible anotar todo tal cual lo está dictando un profesor o un jefe en una clase o una reunión. Es probable que estés escuchando una conferencia de 2 horas o una reunión de 30 minutos. No hay forma de que puedas escribir todo. Además, con este método de toma de notas, no estás invirtiéndote activamente en el material que estás escribiendo. Simplemente estás poniendo la pluma en el papel. El proceso es principalmente mecánico y es casi una actividad completamente automatizada. Realmente no tienes la oportunidad de analizar las ideas que estás escribiendo y fallas en implantarlas en tu mente.

La forma más efectiva de tomar apuntes sería mantener siempre un cerebro pensante. No puede ser simplemente garabatear palabras al azar en una hoja en blanco. No eres un transcriptor. Eres un aprendiz. Mientras prestas atención a una fuente de información como un audiolibro, un video educativo, una conferencia, u algo similar, debes prestar atención a los conceptos de alto nivel dentro de ese material fuente que sientes que realmente te ayudarán como aprendiz. Está bien que descartes de forma casual los detalles que pueden no ser importantes para tu proceso de aprendizaje. Aquí están cinco métodos eficientes y efectivos de tomar apuntes recomendados por el sitio web 'Oxford Learning' ("Cómo tomar apuntes de estudio: 5 Métodos efectivos de toma de apuntes," 2017).

El Método Cornell

El método Cornell es una técnica común para tomar notas que se utiliza especialmente por aquellas personas que les gusta revisar sus notas más adelante. Es una manera muy limpia y estructurada de tomar notas, lo que la hace más conveniente para futuras referencias. Todo el método Cornell de tomar notas está diseñado para organizar tus notas en resúmenes cortos que son fáciles de entender.

Con el método Cornell, tendrás que dividir el papel en el que estás tomando notas en tres secciones separadas. Una sección grande en la parte inferior del papel debería estar dedicada al resumen. Una porción más pequeña en el lado izquierdo del papel debería estar dedicada a las pistas, mientras que una porción más grande en el lado derecho del papel está dedicada a las notas reales.

Notas

Ya que estás tomando apuntes en clase o en una reunión, esta es la sección donde querrás resaltar todas las ideas principales y conceptos que fueron mencionados. Enfócate solo en los conceptos más grandes.

Cues

Justo después de la clase o la reunión haya terminado, repase las notas que tomaste y añade pistas específicas en las que puedas profundizar una vez que tengas recursos adicionales. Agrega algunas preguntas guía específicas o referencias potenciales que puedan ayudarte a comprender algo mejor.

Resumen

En la sección de resumen de tus notas, aquí es donde querrás proporcionar una visión general de todo lo que has aprendido. Concéntrate solo en los conceptos más importantes y destaca los puntos importantes que deseas resaltar.

El Método de Mapeo

Si eres más de tomar notas visuales, entonces este podría ser el mejor método para ti en cuanto a tomar notas se refiere. El método de mapeo está diseñado para que crees una ayuda visual que te ayudará a retener la información que recopilas durante una clase, conferencia, presentación o reunión. También es un gran método cuando te ves obligado a relacionar varios temas entre sí dentro de una sola sesión de toma de notas.

El método de mapeo también puede considerarse como una especie de formato de pirámide. Debes comenzar con el tema principal en la parte superior de tus notas. Luego, gradualmente amplías a diferentes subtemas a medida que avanza la clase o la conferencia. Por cada subtema que produzcas, anota los puntos importantes o notas que necesitas recordar o estudiar más adelante. Repite este proceso durante toda la sesión.

El Método de Esquematización

El método de esquematización es aquel que promueve

una presentación muy organizada y legible de puntos y temas importantes que servirán como referencia para un estudio más profundo. Esto es especialmente efectivo como medio para tomar notas durante sesiones de aprendizaje o conferencias que entran en gran detalle sobre temas complejos. Funciona de manera similar al método de Mapas mentales, pero se realiza de una manera menos visual con un énfasis importante en palabras escritas.

Para utilizar efectivamente el método de esquematización, primero debes comenzar escribiendo el tema principal en la esquina superior izquierda del papel. Luego, coloca el primer subtema justo debajo del tema principal con una ligera sangría hacia la derecha. Bajo el subtema, haz otra sangría para cualquier punto clave o detalles que consideres importantes y que puedan complementar el subtema. Repite este proceso para cada subtema que se discuta en la conferencia o reunión.

El método de trazado

El método de tomar apuntes con tablas incorpora el uso extensivo de columnas para estructurar y organizar de manera ordenada la información valiosa. Esto también es un uso efectivo de la toma de apuntes para conferencias o conceptos que tienen conexiones y relaciones complejas con varios subtemas.

Para estructurar adecuadamente un papel para el método de gráficos, querrás dividir tu papel en varias columnas. En algunos casos, es posible que necesites utilizar hojas adicionales para acomodar más categorías que caen bajo el tema principal. Cada vez que el profesor o material de recursos mencione una nueva categoría, entonces dedica una nueva columna a esa categoría. Una vez que se mencione un detalle importante o una pieza de información relacionada con una categoría específica, entonces enuméralo en la columna correspondiente.

El Método de la Oración

Este método de tomar apuntes puede ser un poco más intensivo y puede requerir más esfuerzo que los demás, pero también está diseñado para ser más centrado en la información. Va a ser mucho más detallado y cubrirá una gran cantidad de datos rápidamente. Sin embargo, también va a gastar varias hojas de papel, ya que cada tema requerirá su propia página específica.

Para utilizar este método correctamente, etiqueta la parte superior del papel con una categoría específica o idea principal. Una vez que el material de recursos muestre información vital sobre ese tema o categoría, procede a escribir ese punto en forma de una oración completa en la página correspondiente.

Capítulo 9: Luchando contra la procrastinación para acelerar el aprendizaje.

La gran mayoría de las personas en el mundo no saben qué necesitan hacer para aprender nuevos conceptos de la manera más eficiente y efectiva posible. Es muy raro que las personas sepan de inmediato cuál técnica de estudio funcionará mejor para ellos sin probar varias primero. Sin embargo, sería imprudente pensar que las personas no están maximizando su capacidad de aprendizaje solo porque desconocen varias técnicas y prácticas. Más bien, una de las razones más comunes por las que las personas no se aventuran a experimentar diversas técnicas de aprendizaje es la procrastinación.

Una herramienta clave que necesitarás para ser productivo y eficiente con tu tiempo mientras buscas nuevas habilidades y disciplinas es tu capacidad para combatir la procrastinación. Muchas personas son culpables de procrastinar de vez en cuando sin siquiera darse cuenta. Esa es parte de la batalla; ser capaz de reconocer cuando estás perdiendo el tiempo en lugar de ponerte a trabajar de inmediato. Incluso cuando estés equipado con todas las técnicas de aprendizaje acelerado más efectivas del mundo, si no sabes cómo combatir la procrastinación, entonces no podrás encontrar mucho éxito en tus metas y esfuerzos.

Tienes que entender que si solo trabajas en los momentos en los que te sientes con ganas de hacerlo, entonces no llegarás muy lejos. Si solo sales a correr en los días en los que te apetece hacerlo, entonces te llevará bastante tiempo antes de estar realmente listo para correr un maratón. Si solo practicas escribir en los días en los que te sientes inspirado para hacerlo, entonces probablemente no publicarás esa novela en poco tiempo. Claro, puedes hacer uso de varias técnicas aceleradas de aprendizaje para ayudar a optimizar el proceso de aprendizaje. Sin embargo, si no abordas el problema de la procrastinación en tu vida, entonces aún te estás impidiendo realizar tu máximo potencial como aprendiz.

Según Margie Warrell, autora de bestsellers y conferenciante pública, la procrastinación puede ser muy perjudicial para el bienestar general de una persona, y si se deja sin abordar, podría significar problemas sustanciales en la vida personal de uno (2013). En un artículo publicado por la revista Forbes, Warrell destacó la importancia de siempre poder abordar los desencadenantes de la procrastinación y de entender por qué puede ser tan tentador simplemente posponer el trabajo para una fecha posterior. Hay varios determinantes y factores que podrían influir en la decisión de una persona de procrastinar. Mucho tiene que ver con la inseguridad, el estrés, la ansiedad, la pereza e incluso la desmotivación. Sin embargo, ella dice que hay una manera de combatir la procrastinación, y es tan simple como seguir estos pasos fáciles:

Establezca su objetivo y póngase una fecha límite.

Solo tienes que establecer tu objetivo primero. De aquí es de donde todo va a surgir. A veces, mucha gente pospone las cosas y no logra comenzar simplemente porque no saben hacia dónde se supone que deben dirigirse. Por eso, querrás ser capaz de establecer direcciones claras para ti mismo. Quieres asegurarte de tener un camino que puedas seguir hacia el logro y el éxito eventual.

Además de eso, también vas a querer ponerte una fecha límite. Esto es para que puedas motivarte a seguir avanzando. Es muy fácil relajarse cuando sabes que todavía no existe un sentido de urgencia. A veces, simplemente crear esa sensación de energía, incluso si es solo dentro de ti mismo, sería suficiente para ponerte en marcha.

Divide tu objetivo en partes más pequeñas.

Ahora que sabes cuál será el destino final, es importante que determines cuáles serán tus paradas para el viaje. Divide tu objetivo principal en pasos más pequeños y simples. Esto puede hacer que la tarea completa sea menos intimidante para ti. Tómalo paso a paso si es necesario. Recuerda que el progreso pequeño sigue siendo progreso. Cada paso que des hoy te llevará un paso más lejos de donde estabas ayer. Nunca subestimes el valor de pequeños esfuerzos.

Visualiza tu éxito futuro.

Si alguna vez sientes que quieres rendirte, siempre es agradable pensar en la felicidad futura de la que te estarías privando si simplemente decides relajarte. Es muy posible que las apuestas no sean tan altas con tu aprendizaje. Tu carrera o vida personal podría no depender de si decides o no tomar el tiempo y el esfuerzo para realmente aprender algo nuevo o desarrollar habilidades. Puede ser muy fácil renunciar y decir que lo intentarás de nuevo en un momento más conveniente. Pero también sabes que no serás tan feliz y satisfecho como lo serías si realmente tomaras el tiempo y te dedicaras a dominar estas disciplinas. Nunca quieres que la versión exitosa de ti mismo exista solo en un mundo de ensueño o en un escenario ideal. Deberías imaginar el éxito para ti mismo y querer hacer todo lo posible para manifestar esa visión en la vida real.

Convierte tu miedo en algo positivo.

El miedo puede ser una causa muy común para que la gente se dedique a la procrastinación. Muchas veces, las personas tienen miedo de intentar algo y fracasar. Y así, recurren a no intentar nada en absoluto. Sin embargo, esa puede ser una forma muy poco saludable de canalizar tu miedo. Tal vez, sería mejor pensar en lo mal que te sentirías unos meses más tarde si no pusieras el trabajo.

Deja que otros te hagan responsable.

Comunica tus objetivos a tus amigos y colegas. Asegúrate de que estén allí para mantenerte motivado. Es muy fácil rendirse en algo cuando sabes que solo te estás decepcionando a ti mismo. Pero, si tienes otras personas contando contigo para cumplir, puede ser más fácil encontrar motivación para seguir adelante y seguir avanzando. Permite que otras personas te hagan responsable de tus objetivos. Si dices que quieres dominar el arte de tocar la guitarra, entonces comprométete a tocar una canción en la fiesta de cumpleaños de tu amigo. Esta es una excelente manera de motivarte a aprender.

Recompensa cada hito

No tengas miedo de recompensarte a ti mismo. Si sabes que has hecho un trabajo sustancial, entonces date un premio con algo agradable. No tiene que ser algo exagerado. Solo quieres asegurarte de poder marcar cada hito para crear ese diálogo interno positivo dentro de ti mismo para seguir adelante. Cuando te propones recompensarte por hacer un buen trabajo, revitalizas tu espíritu y te inspiras a seguir haciendo más de lo mismo.

Sé valiente y comienza hoy.

Como dice el refrán, no tiene sentido esperar para hacer algo mañana cuando puedes hacerlo hoy. A veces, habrá días donde la motivación será difícil de encontrar. Habrá días donde tus inseguridades serán mucho más fuertes que tu voz interior de confianza en ti mismo. Sin embargo, en esos días, simplemente tendrás que luchar aún más. Ponte a trabajar. La parte más difícil siempre es el comienzo. Una vez que establezcas un ritmo, será difícil detenerte.

Capítulo 10: La técnica de Feynman

Richard Feynman es considerado como uno de los mayores científicos del siglo XX, y es en quien en realidad se inspira el método de aprendizaje acelerado. A pesar de que este módulo particular de aprendizaje acelerado lleva su nombre, es una herramienta de aprendizaje relativamente popular que muchos de los grandes pensadores del mundo (incluido Albert Einstein) han incorporado en sus propios hábitos de estudio personal.

"Si no puedes explicarlo de forma sencilla, entonces no lo entiendes lo suficiente."

Esta es una cita que comúnmente se atribuye a Einstein, aunque algunos podrían decir que él nunca la dijo o escribió en ningún lugar. Sea cual sea el caso, esta es esencialmente la temática central que conforma la técnica de Feynman. De hecho, es una herramienta de aprendizaje diseñada para que el aprendiz no solo domine un tema o disciplina específica, sino también para dominar la enseñanza de esta habilidad o disciplina a otra persona. Esencialmente consiste en obligarse a uno mismo a aprender algo a fondo para poder comunicarlo efectivamente a otra persona.

¿Cómo funciona todo esto? Bueno, este capítulo va a estar dedicado a enseñarte el arte de aprender a través de la enseñanza. Esto es precisamente de lo que se trata la técnica Feynman. Es un método de aprendizaje diseñado para ayudar a mejorar tu capacidad de recordar conceptos complejos y memorizar puntos importantes. Te va a ayudar a organizar y estructurar tus pensamientos de manera ordenada y a desarrollar tu autoconciencia para que puedas detectar mejor las lagunas en tu lógica y comprensión de cierto tema. También es una forma muy práctica y satisfactoria de aprender algo nuevo.

La técnica de Feynman puede ser cumplida fácilmente en tan solo 7 simples pasos:

Identificar el Tema Principal y Escribir Todo lo que Sabes al Respecto

Esta es la primera cosa que querrás hacer porque vas a querer probar realmente tus conocimientos sobre el tema de primera mano. No quieres tomar un enfoque lineal para aprender algo si ya sabes mucho sobre este tema. Si estás construyendo una casa, y ves un problema con el piso en el segundo piso, eso no significa que necesitas derribar todo el primer piso también. El objetivo de esta primera fase es que veas lo que sabes para hacerte más consciente de lo que no sabes.

Toma un concepto de tu lista y amplíalo utilizando tu conocimiento previo.

Una vez que hayas colocado todo sobre la mesa, entonces puedes proceder a expandir realmente las ideas principales y conceptos aún más. Toma un enfoque paso a paso enfocándote en un solo concepto a la vez. Anota cada punto o pieza de información que puedas tener en tu mente que pueda ayudarte a reforzar tus conceptos principales. Aquí es donde realmente entras en detalle sobre todo lo que puedas saber en relación con el tema principal.

Imagina enseñar o presentar estos temas a otras personas.

Una vez que sientas que ya has agotado todo tu conocimiento por escrito, entonces podría ser el momento de simular enseñar este tema a una audiencia imaginaria. Intenta presentar todo lo que sabes a las paredes de una habitación privada donde solo estés tú y un grupo de personas imaginarias. Haz una presentación lo más legítima posible. Pon realmente todo tu esfuerzo en ello. Haz que parezca que tu audiencia imaginaria realmente anhela aprender más sobre este tema de ti y confía en ti para cumplir en ese aspecto.

Identificar las áreas potenciales de problemas en las que tienes dificultades para explicar.

Si todavía no eres verdaderamente un maestro del tema, es probable que encuentres muchas lagunas en la lógica y áreas problemáticas que requerirán corrección. Esta es esencialmente la parte de encontrar problemas en el proceso de aprendizaje. Querrás descubrir cuáles son todos tus puntos débiles para que sepas en qué áreas tendrás que centrarte en mejorar en tu proceso de aprendizaje. Esta es ahora la parte en la que buscas grietas en la pared, filtraciones en el techo y fallas en el cableado de tu hogar.

Regrese y complete los espacios en blanco y luego repita los pasos 2 y 3.

Una vez que hayas identificado exitosamente las áreas problemáticas, es hora de que tomes acción. Consulta cualquier material fuente confiable o busca la ayuda de un mentor para completar esos vacíos y sentirte más seguro con tu conocimiento sobre un tema en particular. Refina tu presentación aún más repitiendo los pasos 2 y 3 del proceso mientras sea necesario.

Simplifica aún más tu presentación utilizando analogías.

Cuando estés seguro de todo el conocimiento que has adquirido y la investigación que has realizado para ser un experto en este campo de estudio en particular, es hora de simplificar aún más tus pensamientos e ideas. La razón por la que quieres simplificar tus pensamientos es porque quieres asegurarte de entender estos conceptos en su forma más simple. Si eres capaz de incorporar analogías en tu presentación de ideas, entonces eso es una confirmación adicional de la sólida comprensión que podrías tener sobre estos puntos e ideas.

Si estás dispuesto, intenta enseñar el concepto a otros.

Este último paso no es realmente necesario, pero si te sientes lo suficientemente valiente, puedes seguir adelante y realmente intentar enseñar a otras personas sobre el tema. Siempre es agradable cuando puedes exponerte y realmente poner a prueba tu conocimiento. Esta también es una oportunidad para recopilar comentarios valiosos de otras personas que podrían darte una perspectiva externa de la forma en que presentas tus ideas. Si ven algún punto débil potencial, entonces podrías defenderlo o tomarlo como una oportunidad de aprendizaje. De cualquier manera, fortaleces tu comprensión del tema aún más.

Capítulo 11: Aprendiendo a través de la Escucha

Nuevamente, cada vez que alguien quiera aprender más sobre un tema específico o campo de estudio, es completamente normal que se sienta atraído por un libro de texto o algún tipo de material de lectura. Sin embargo, también es muy común que las personas asistan a conferencias o escuchen presentaciones en un esfuerzo por adquirir conocimiento sobre un campo de interés específico. Puede ser un empresario que ha asistido a una conferencia en un esfuerzo por aprender más sobre técnicas de ventas o tácticas de gestión. Puede ser un estudiante universitario que está asistiendo a una conferencia con un profesor que no utiliza diapositivas o ayudas visuales. Es durante situaciones como estas donde realmente tendrás que depender de tus habilidades de escucha para poder acelerar tu aprendizaje dentro de estos escenarios específicos.

Según Lee y Hatesohl de la Universidad de Missouri, los estudios indican que de todo el tiempo de comunicación que un ser humano asigna en un día, el 45% de ese tiempo se dedica puramente a escuchar (1993). Sin embargo, los estudios también muestran que la técnica de escucha promedio de un ser humano es defectuosa e ineficiente.

¿Por qué somos tan malos escuchando?

Me estás escuchando, pero no estás prestando atención. Esa es una frase que se dice con frecuencia. Ese es precisamente el meollo del asunto. Solo porque escuches a alguien decirte un montón de palabras, frases y oraciones, no significa necesariamente que los estés escuchando. Ese es exactamente el punto en el que se va a enfocar este capítulo. Vas a aprender más sobre por qué tu forma de escuchar es incorrecta y por qué no estás aprendiendo eficientemente. Además, vas a aprender técnicas adecuadas de escucha que puedes adoptar como un hábito de aprendizaje personal.

Sin embargo, antes de que puedas descubrir qué es lo que necesitas hacer para mejorar la forma en que escuchas a los demás, es importante que primero entiendas qué estás haciendo mal en primer lugar.

No escuchas lo que no te interesa.

Imagina este escenario por un momento. Eres un estudiante universitario, y sabes que odias las matemáticas. Te esfuerzas por evitar cualquier especialización que pueda requerirte resolver problemas matemáticos. Optas por una carrera en artes liberales o música en su lugar. Pero luego, cuando ves tu plan de estudios, te das cuenta de que hay algunas unidades de matemáticas que debes tomar.

Así que vas a clase a regañadientes y tratas de escuchar

mientras tu profesor de matemáticas explica fórmulas, ecuaciones y más. Sin embargo, no puedes parecer entender nada, porque realmente no ves el valor de aprenderlo en primer lugar. Empiezas el proceso de aprendizaje con una disposición tan negativa que prácticamente te estás limitando a ti mismo y a tu capacidad de aprender. A veces, simplemente debes hacer un esfuerzo para escuchar algo aunque no estés completamente interesado en ello.

Criticas al mensajero, pero no al mensaje.

No te pierdas el punto principal de la conferencia o clase en la que estás. Estás allí para aprender sobre un tema en particular. No estás allí para aprender sobre el speaker o el conferenciante en sí. Si estás demasiado enfocado en lo que el conferenciante está usando o en la manera en la que están hablando, entonces corres el riesgo de distraerte por completo del verdadero objetivo de asistir a la conferencia en primer lugar. A veces, puedes desviarte demasiado por tu percepción del conferenciante al punto de que el mensaje real de la conferencia se vuelve completamente irrelevante. Siempre asegúrate de que cuando estés escuchando, presta atención al mensaje, y no al mensajero.

Tú toleras muchas distracciones.

Pon tu celular en modo vibración y asegúrate de mantenerlos guardados en tu bolso hasta que la conferencia haya terminado. Si alguien que te resulta atractivo está sentado justo a tu lado, entonces considera simplemente mudarte a otro asiento si sientes que no puedes evitar distraerte. A veces, puedes llegar a estar demasiado estimulado por cosas que no tienen nada que ver con la conferencia en sí y terminas perdiéndote puntos valiosos o información importante. Realmente tienes que asegurarte de mantenerte enfocado en la tarea en cuestión. Tu cerebro solo puede manejar ciertos estímulos a la vez.

Intentas eludir temas difíciles y desafiantes.

Si solo prestas atención a las personas que tienen cosas agradables y fáciles de entender que decirte, entonces realmente nunca vas a aprender mucho escuchando en absoluto. El punto entero del aprendizaje acelerado a través de la escucha es exponerte a temas difíciles o desafiantes sobre los cuales quizás no sepas mucho. Esa es la esencia del aprendizaje en cualquier medio. Así que, no te cierres a escuchar a alguien solo porque sabes que te resultará difícil de entender. Siempre aprovecha todas las oportunidades de aprendizaje que puedas y trata de sacarles el mayor provecho.

Dejas que tus emociones se apoderen de ti.

Hay muchas veces durante el transcurso de un discurso o una conferencia en las que el orador puede conectar con los sentimientos o emociones del público. Aunque pueda resultar tentador dejarse llevar por las emociones y carisma del orador, uno tiene que resistir esa tentación. No se puede permitir que los sentimientos comprometan el nivel de aprendizaje que potencialmente podría estar teniendo lugar. Siempre trata de mantener un punto de vista lo más objetivo posible. No dejes que tus sentimientos nublen tu juicio o análisis de un punto.

Te atienes a solo un punto de vista

No es suficiente que estés haciendo un esfuerzo por escuchar a la persona que está hablando justo frente a ti. También es igual de importante que hagas un esfuerzo por mantener la mente abierta. Es posible que no necesariamente creas o estés de acuerdo con lo que la persona está diciendo, pero el punto clave de escuchar es tratar de aprender algo nuevo de alguien. Esto significa que estás obligado a escuchar algunas cosas que puedan no resonar con tu propio sistema de creencias. Reserva tu juicio para el final. Puedes correr el riesgo de perder un punto muy importante y valioso porque estás demasiado absorto en tus propios pensamientos y sistemas de creencias.

¿Cómo mejoramos nuestra escucha para acelerar el aprendizaje?

Afortunadamente, hay una forma de mejorar la forma en que escuchas a las personas. Todo es cuestión de emplear al menos una o una combinación saludable de estas tres técnicas la próxima vez que estés escuchando a alguien dar una presentación o un discurso. Es cierto cuando dicen que las personas hablan demasiado en este mundo, pero no escuchan lo suficiente. Recuerda que cuando estás hablando, básicamente estás reforzando a ti mismo y a otras personas lo que crees que ya sabes. Pero cuando te tomas el tiempo para escuchar, te estás dando la oportunidad de ampliar tu visión del mundo y tu perspectiva sobre las cosas. Por eso, un buen oyente será más hábil para aprender que un buen hablante.

Ve a donde crees que va el orador.

En lugar de ser reactivo con tu escucha, intenta ser un oyente proactivo en su lugar. ¿Qué significa esto? Por lo general, cuando estás escuchando a alguien hablar, es posible que tengas la tendencia a participar en una escucha pasiva. Esto significa que les permites hablar todo el tiempo, y simplemente absorbes y reaccionas a lo que te dicen. Pero con la escucha proactiva, en realidad estás intentando adelantarte a ellos. En lugar de esperar a que el orador te dé el punto principal en bandeja de plata, intenta llegar a él tú mismo antes incluso de darles la oportunidad de hacerlo. Este método proactivo de escucha realmente involucra tu mente y la prepara para poder absorber mejor nuevos conceptos e información.

Enfócate en los puntos o argumentos de apoyo.

Cuando alguien te dice que reducir el consumo de carne roja te va a beneficiar, no es realmente un punto tan interesante que te vaya a convencer. Sin embargo, si alguien te dice que el consumo de carne roja es bueno para ti porque ayuda a reducir los niveles de colesterol y presión arterial en tu cuerpo, entonces el punto se vuelve más convincente de inmediato. ¿Por qué? Es porque el punto principal se refuerza aún más con un punto o argumento de apoyo. Cuando estés escuchando a alguien, no te concentres en un punto principal. En su lugar, presta atención a todos los puntos y argumentos de apoyo. Una vez que puedas sustentar un punto principal, será mucho más fácil entenderlo, memorizarlo y comunicarlo a otros más adelante.

Toma nota de resúmenes mentales mientras estás escuchando.

Si estás escuchando a un orador o conferencista, es muy improbable que vayan a seguir hablando sin parar o tener algunas pausas aquí y allá. Estas pausas pueden no ser muy largas, pero aún así van a servir como oportunidades para que puedas hacer resúmenes breves de lo que acaban de decir. Es una excelente manera de entender lo que el orador está tratando de transmitir, y también es una forma efectiva de lograr retención y recordación de esos temas y conceptos particulares.

Capítulo 12: Aprendizaje Experiencial

Solo con mirar su nombre, el método de aprendizaje experiencial debería ser realmente autoexplicativo. Es esencialmente una técnica de aprendizaje acelerado que refuerza la idea de aprender a través de la experiencia real. Los renombrados y exitosos psicólogos John Dewey y Jean Piaget suelen ser acreditados como los padres del aprendizaje experiencial. Pero muchos personajes clave en la comunidad científica estarán de acuerdo en que fue el trabajo de David A. Kolb, un teórico educativo y profesor de Comportamiento Organizacional, el que realmente llevó el tema del aprendizaje experiencial a la corriente principal.

Muchos científicos, teóricos y educadores han hecho uso de este método transformador de educación y aprendizaje a través de varios experimentos, pruebas y aplicaciones reales en el aula. En resumen, es una forma muy inmersiva de educación ya que se basa en gran medida en la experiencia real del alumno de un concepto o una idea, y no solo en una comprensión teórica de la misma. Todo este capítulo estará dedicado a promover la idea del aprendizaje experiencial como una gran herramienta para acelerar la comprensión o absorción de una tarea o idea compleja. Se le informará sobre las diversas razones por las cuales el aprendizaje experiencial es realmente una excelente manera de aprender. También se le dará información práctica sobre cómo puede hacer uso del aprendizaje experiencial para acelerar su desarrollo y dominio de una disciplina en particular.

Razones por las que el aprendizaje experiencial es una forma transformadora de aprendizaje.

Rajiv Jayaraman, el CEO y fundador de la firma de soluciones de desarrollo de empleados KNOLSKAPE, compartió sus reflexiones sobre el aprendizaje experiencial y su valor en el desarrollo humano en una publicación de blog. Aseguró que el aprendizaje experiencial es la mejor manera de combatir la creciente probabilidad de déficit de atención e desinterés personal o desapego en el aprendiz contemporáneo. En el artículo que escribió, destacó 8 razones específicas por las cuales el aprendizaje experiencial es en realidad una forma innovadora de aprendizaje (2014).

Acelera el aprendizaje.

El aprendizaje experiencial es una forma mucho más eficiente y efectiva de lograr que una persona realmente aprenda algo. El aprendizaje repetitivo o el método de aprender mediante la mera repetición ha demostrado ser muy ineficiente y simplemente aburrido para muchas personas. Con el aprendizaje experiencial, el aprendiz se ve realmente motivado a participar en el pensamiento crítico, la resolución de problemas y la toma de decisiones. La experiencia inmersiva e intuitiva acelera aún más el proceso de aprendizaje.

Ofrece un entorno de aprendizaje cómodo y seguro

El aprendizaje experiencial es una forma realmente genial de ofrecer a un alumno la oportunidad de aprender realmente y poner en práctica habilidades valiosas para la vida en un entorno seguro y controlado. Por ejemplo, al enseñar a un niño pequeño los conceptos básicos de la mecánica del cuerpo humano, puedes llevarlo a un pequeño parque infantil para que realmente utilice su cuerpo para atravesar varios terrenos y obstáculos. Al niño se le ofrece la oportunidad de aprender a usar su cuerpo a través de la experiencia real, pero aún se le proporciona seguridad, comodidad y supervisión.

Aumenta el nivel de compromiso de una persona.

Solo hay un nivel más alto de enfoque, participación y colaboración cuando un aprendiz se ve obligado a pasar por una lección experiencial. Los sentidos se agudizan y la mente de uno definitivamente se afila y se prepara para participar en una experiencia de aprendizaje inmersiva como resultado de la sobrecarga sensorial. También hay un nivel más alto de inversión emocional por parte del aprendiz cuando se involucran por completo con la tarea o desafío en cuestión. Ser lanzado directamente al centro de la experiencia es definitivamente algo revelador, y puede exigir todo el enfoque y atención de uno.

Ayuda a cerrar la brecha entre la teoría y la práctica.

En los métodos de aprendizaje más tradicionales, sería el maestro, mentor o conferenciante explicando conceptos e ideas en forma teórica. Sin embargo, el aprendizaje experiencial es capaz de cerrar la brecha entre la formalidad de la educación teórica y la aplicación práctica. El aprendiz ya no se queda solo para comprender pensamientos e ideas sin tener la oportunidad de experimentarlos en primera persona. Con el aprendizaje experiencial, es una fusión saludable de ambos procesos de aprendizaje.

Produce cambios dramáticos en la mentalidad.

Siempre que un ser humano experimenta una experiencia impactante o dramática, realmente puede desencadenar un cambio drástico en la mentalidad de alguien. Los efectos del aprendizaje por experiencia son mucho más profundos que simplemente aprender teoría por sí sola. No quiero decir que escuchar una conferencia que cambie su vida de un orador de clase mundial no produciría resultados dramáticos o cambios en la mentalidad. Es solo que esta forma de aprendizaje dependería en gran medida del contenido de la conferencia y del conferenciante en sí. Con el aprendizaje experiencial, los cambios drásticos ocurren como resultado directo del módulo o metodología de entrenamiento.

Ofrece un excelente retorno de inversión

El acto de enseñar y aprender es una inversión. Como maestro, estás invirtiendo en el estudiante. Como estudiante, estás invirtiendo en el material de aprendizaje y en ti mismo. Por eso siempre vas a querer asegurarte de que estás haciendo las inversiones adecuadas en las metodologías correctas. El aprendizaje experiencial ofrece un gran retorno de la inversión debido al crecimiento y desarrollo que un estudiante obtiene de toda la metodología de formación.

Proporciona resultados de evaluación precisos.

Con el aprendizaje teórico, puede ser muy difícil evaluar el crecimiento y desarrollo del estudiante. Las pruebas teóricas solo pueden proporcionar evaluaciones teóricas que no necesariamente se traducirán en la aplicación a la vida real. Sin embargo, con el aprendizaje experiencial, puede ser mucho más fácil medir con precisión el progreso y desarrollo de un estudiante. Por ejemplo, probar la capacidad de un estudiante de programación para recordar varios algoritmos y comandos es completamente diferente de tener a un estudiante construir un programa completo desde cero con especificaciones establecidas. El aprendizaje experiencial se enfoca más en la aplicación de teorías que solo en las teorías en sí mismas.

Permite el Aprendizaje Personalizado

El aprendizaje experiencial siempre ofrece una

experiencia de aprendizaje personalizada para el estudiante. Realmente nunca es un tipo de metodología de aprendizaje de talla única porque todos van a tener diferentes preferencias, gustos, disposiciones y personalidades. El aprendizaje experiencial entiende que todos aprenden de manera muy diferente. Esto significa que es importante evaluar, diseñar, derivar, guiar y orientar a cada alumno de una manera muy personalizada. Esto es algo que el aprendizaje experiencial va a poder brindar tanto al alumno como al mentor.

Capítulo 13: El Método de los Lugares - Una Técnica de Memoria

El método de loci no es necesariamente un método revolucionario de aprendizaje o memorización, ya que es una técnica que ha existido durante siglos. Esencialmente, es una técnica de memorización que consiste en asociar puntos de interés particulares a rutas familiares que tomas de forma constante. Este es un método de aprendizaje o memorización que es particularmente efectivo para personas que necesitan memorizar largas listas con las que normalmente podrían no estar familiarizadas. Este capítulo completo te proporcionará una breve historia sobre los orígenes del método junto con algunos consejos y trucos sobre cómo puedes aplicar el método en tu vida diaria.

Orígenes

Es muy difícil señalar los orígenes exactos del método de los lugares, ya que es de hecho una de las técnicas de memoria más antiguas en la historia de la civilización. Sin embargo, se cree ampliamente que fue en el 'De Oratore' de Cicerón donde el concepto fue puesto por primera vez por escrito de forma formal. En su obra, Cicerón atribuyó la invención del método de los lugares al filósofo y poeta griego Simónides. En su relato de la historia, Cicerón afirma que Simónides logró escapar de un edificio en llamas que albergaba una fiesta lujosa para las personas más adineradas y destacadas de la época en esa área. Simónides se comprometió a intentar identificar los cuerpos de las víctimas quemadas después de la tragedia, e inventó el método de los lugares en un esfuerzo por recordar quiénes eran esas personas.

En lugar de analizar los cadáveres quemados en sí mismos, Simónides intentó recordar dónde estaban sentadas y ubicadas ciertas personas durante la fiesta para identificar dónde habían terminado sus cuerpos quemados. La leyenda dice que así es como nació el método de los lugares. Por eso, el método de los lugares es más comúnmente conocido como el palacio de la memoria o el palacio mental, que a menudo se hace referencia en la representación televisiva de la BBC del clásico Sherlock Holmes.

Cómo Funciona

Esencialmente, para que puedas usar el método de loci en tu vida, primero debes visualizar una ruta, habitación o ubicación familiar que conozcas de memoria. Quizás puedas imaginarte tu propio dormitorio, toda tu casa, tu campus universitario, o incluso tu ruta diaria al trabajo. Sea cual sea la ruta que elijas, es importante que asegures que siempre será la ruta que utilices cada vez que emplees esta técnica. Una vez que hayas elegido una ruta, debes identificar puntos de referencia importantes en ella que puedan servir como representaciones de las ideas o conceptos que deseas memorizar. Si has elegido tu dormitorio como tu palacio de la memoria, entonces quizás quieras considerar tu cama como el primer punto de referencia, tu televisor como el segundo, y luego tu estantería como el tercero, y así sucesivamente... La clave es establecer un orden secuencial al que puedas regresar de manera consistente.

Si se te asigna la tarea de memorizar los primeros cinco presidentes de los Estados Unidos, entonces debes asignar a cada personaje a los primeros cinco hitos o puntos de ruta que has establecido para ti en tu palacio de la memoria. Para poder hacerlo, primero debes investigar y leer acerca de quiénes son los primeros cinco presidentes.

George Washington - John Adams - Thomas Jefferson - James Madison - James Monroe

Digamos que utilizas tu casa como tu palacio de la memoria para este ejercicio particular. Ahora debes determinar qué puntos de referencia de tu casa vas a utilizar. Idealmente, querrás designar tus puntos de referencia en un orden intuitivo y secuencial. Dado que te despiertas en tu habitación todas las mañanas, el primer punto de referencia de tu hogar podría ser tu habitación, y tal vez tengas la costumbre de ir al baño de inmediato cada vez que te despiertas. El baño podría ser el segundo punto de referencia. Después de usar el baño, es posible que tengas que bajar a la cocina utilizando las escaleras para desayunar. Las escaleras podrían ser el tercer punto de referencia. Antes de ingresar a la cocina, tienes que caminar por la sala de estar. La sala de estar puede servir como el cuarto punto de referencia. Finalmente, la cocina puede servir como el quinto y último punto de referencia. Por lo tanto, el orden de tus puntos de referencia sería el siguiente:

Dormitorio - Baño - Escaleras - Sala de estar - Cocina

A medida que te visualizas recorriendo tu casa, debes luego atribuir cada punto de referencia al presidente que tienes que memorizar. Cuando te imaginas en tu dormitorio, piensa en George Washington estando allí. Cuando entras en tu baño, piensa en John Adams, y así sucesivamente. Idealmente, querrás atribuir a cada personaje algo que se relacione con ellos dentro de cada punto de referencia. En tu dormitorio, podrías tener un libro sobre la vida de George Washington allí en algún lugar que puedas usar como enlace. En el baño, puedes pensar en el John que es una forma británica de referirse al baño. No es necesario que utilices técnicas de memoria como esta, pero ayuda a retener información vital.

Reglas y pautas generales

Por muy simple que pueda ser el método de los lugares, todavía hay ciertas reglas o pautas que vas a querer seguir para realmente sacarle el máximo provecho a esta metodología.

La ruta que elijas debe ser una que te resulte muy familiar.

El método de los lugares no funcionará si no estás familiarizado con la ruta que elegirás para tu palacio de la memoria. Debe ser una ruta o una ubicación que conozcas prácticamente de memoria. Si tienes problemas para recordar los detalles de la ruta o ubicación que elijas, probablemente comprometería toda la metodología en su conjunto.

Cada hito dentro de esa ruta siempre debe ser distinto y único.

Es muy importante que cada hito designado o parada en la ruta sea única y distinta. Esto se debe a que si dos o más puntos en la ruta son bastante similares e indistinguibles, existe la posibilidad de que termines confundiéndote al intentar recordar las atribuciones y representaciones adecuadas que has establecido en tu mente. Por ejemplo, si utilizas tu campus universitario como ruta designada para tu palacio mental, entonces puede que no sea una buena idea designar dos aulas idénticas como dos puntos separados en la ruta. Asegúrate de mezclarlo utilizando oficinas, bibliotecas, gimnasios, laboratorios, y así sucesivamente.

Debes seguir el mismo orden de la ruta cada vez.

Tienes que pensar en tu memoria como un músculo. Cuanto más constantemente trabajes tus músculos y los pongas en uso, más fuertes se vuelven. Esto es exactamente cómo funciona el método de loci. Cuanto más uses esta metodología como un medio de memorizar algo, más competente te volverás en la memoria y retención de información. Por eso siempre es ideal que uses la misma ruta y puntos de referencia cada vez que intentes utilizar este método. Recuerda que la consistencia genera eficiencia.

Sé creativo con tus atribuciones y representaciones.

Cuanto más esfuerzo pongas en ser creativo con la forma en que representas ciertos personajes, objetos o ideas, más fácil te resultará recordar estas cosas. Esto se debe a que te estás sumergiendo e invirtiendo cada vez más en la técnica de la memoria, lo que significa que estás activando tu mente de manera más eficiente.

Capítulo 14: Estudio eficiente para un examen

Cuando estás en la escuela, siempre te dicen que es una mala idea estudiar a última hora para tus exámenes, pruebas y proyectos. Tu maestro te dice que siempre tienes tiempo suficiente para prepararte para un examen, y que debes aprovechar al máximo ese tiempo en su totalidad. No deberías esperar hasta el último minuto antes de comenzar el proceso de preparación. Siempre te recuerdan que debes mantenerte al día con tu trabajo para que nunca te encuentres teniendo que ponerte al día con tus tareas y proyectos. Sin embargo, no se puede negar que muchos de nosotros hemos procrastinado en algún momento u otro. De hecho, muchos de nosotros solamente recurrimos a la procrastinación cuando se nos asignan tareas por hacer. Este capítulo será dedicado a las personas que constantemente se encuentran teniendo que estudiar a última hora para un examen o una prueba.

Concedido, es importante comenzar el resto de este capítulo con el recordatorio de que siempre es importante que te des tiempo suficiente para prepararte para un examen. La mejor manera de acelerar tu aprendizaje es asegurarte de darte el tiempo de hacer las cosas correctamente. Idealmente, aún querrías hacer todo lo posible para no ponerte en situaciones de tener que estudiar a última hora y apresurar el proceso de preparación. Sin embargo, es comprensible que haya instancias en las que no tengas tiempo para hacer las cosas con mucha anticipación. Puede que tengas demasiadas cosas en tu plato y tengas que posponer el estudio. En esos casos, podría ser bueno utilizar las técnicas que se destacarán en este capítulo. Pero, nuevamente, es importante usar el estudio intensivo como último recurso. No debería ser tu método principal para prepararte para exámenes y pruebas. Es posible que no obtengas las mejores calificaciones de tu clase con este método, pero podría marcar la diferencia entre obtener una calificación aprobatoria o una reprobatoria.

En este capítulo, vamos a hacer referencia a varias figuras clave que han escrito valiosos materiales de recursos sobre el tema. El blogger y experto en aprendizaje David Pierce, escribió extensamente en una publicación de blog para GearFire sobre la mejor manera de abordar el repaso la noche anterior a un examen. También vamos a mencionar los puntos hechos por Skylar Anderson en un artículo que escribió para el sitio web StudyRight. Nuevamente, ambos escritores de recursos enfatizan que el repaso solo debería ser utilizado como último recurso en una situación de emergencia. No debería ser una práctica constante para cualquiera que quiera lograr altas calificaciones. Aquí hay algunos consejos que querrás considerar para ser realmente eficiente en la forma en que repasas.

Prepara todos los materiales de estudio que necesitas.

No hay tiempo para que estés yendo de ida y vuelta de la biblioteca a tu casa por libros o materiales de recursos que puedas necesitar al comenzar el proceso de empollar. Antes de comenzar siquiera, debes asegurarte de que ya tengas todos los materiales que puedas necesitar. Esto significa que debes preparar todos los libros, referencias, tu calculadora, regla, bolígrafos, lápices, papeles, computadora portátil y todo incluso antes de sentarte y dar vuelta a una página. Una vez que comiences el proceso de empollar, no querrás levantarte constantemente para agarrar algo. Espera estar sentado por un período prolongado de tiempo, lo cual nos lleva al siguiente consejo...

Encuentra un lugar con distracciones mínimas donde puedas sentarte por un período prolongado de tiempo.

Una vez que te sientes, espera quedarte allí hasta que termines. No hay tiempo para que sigas moviéndote de un lugar de estudio a otro. Decide un lugar y quédate en él. Asegúrate de elegir un lugar que tenga distracciones mínimas. Puedes elegir encerrarte en tu estudio o en tu habitación. Puedes ir a una biblioteca que te acomode durante muchas horas. Puedes visitar una cafetería que no cerrará sus puertas en mucho tiempo. Sea cual sea el caso, asegúrate de elegir un lugar en el que no tengas que levantarte y moverte durante toda la duración del proceso de estudio intensivo.

Discúlpate del mundo de las redes sociales

Las redes sociales se han demostrado ser una de las mayores distracciones del siglo XXI. Sí, hacen un gran trabajo conectando a las personas entre sí, y realmente es un gran recurso para la colaboración y la interacción social, pero no tienes el lujo de tiempo para estar participando en cualquier red social en este momento. Querrás minimizar las distracciones tanto como sea posible. Si tienes que desactivar temporalmente tus cuentas de Facebook, Instagram y Twitter por el momento, entonces deberías hacerlo. Solo deberías usar realmente Internet para recopilar más información sobre un tema en particular.

Utilice el Principio 50/10.

Solo porque se mencionó que vas a estar sentado durante un período prolongado no significa que debas estar estudiando durante varias horas seguidas sin parar. Sí, estás bajo presión de tiempo en estos momentos, pero debes entender tus limitaciones. Tu cerebro solo puede manejar y procesar tanta información a la vez. Incluso puede llegar a un punto en el que tu cerebro esté sobrecargado y tu estudio se vuelva lento e ineficiente. Por eso es una buena idea darte descansos de vez en cuando solo para reiniciar y refrescar tu cerebro. Una práctica común que la gente utiliza al estudiar intensivamente es el principio 50/10. En un lapso de 60 minutos, vas a querer pasar 50 minutos estudiando puramente, y usar los últimos 10 minutos para hacer lo que quieras solo para refrescar tu cerebro. Repite este proceso todo el tiempo que sea necesario.

Recárgate con cafeína

Muchas personas van a ser escépticas sobre la cafeína por sus efectos potencialmente dañinos en el cuerpo humano, pero también habrá quienes defiendan el valor de la cafeína especialmente durante las sesiones de estudio intensivo. Sin embargo, cuando estás en el proceso de estudiar intensamente, tu noción de salud percibida podría tener que pasar a un segundo plano con el fin de prepararte. Un poco de cafeína no te va a causar un daño sustancial. Vas a querer hacer todo lo posible para mantenerte alerta, despierto y enfocado durante un largo período de tiempo sin comprometer por completo tu salud. Esto es exactamente lo que la cafeína va a poder hacer por ti. El uso consistente de cafeína podría ser potencialmente malo para la salud de una persona, especialmente cuando se trata de enfermedades cardíacas. Sin embargo, el consumo ocasional de cafeína debería estar bien, especialmente cuando necesitas la energía extra para terminar algo.

Enfócate en las grandes ideas y reescribe.

No tienes mucho tiempo en este punto. Esto significa que realmente no puedes entrar en detalles al revisar o leer tus notas. Solo tendrás tiempo suficiente para centrarte en las ideas principales. Esto debería ser suficiente para obtener una calificación decente. La mejor forma de recordar estos puntos importantes es reescribirlos en un nuevo conjunto de notas que puedas utilizar más adelante para revisar o consultar. Cuando te tomas el tiempo para comprender y reescribir estos conceptos principales en un nuevo conjunto de notas, estás reforzando tu comprensión de estos conceptos. Para obtener más ayuda sobre cómo tomar apuntes mientras estudias de forma intensiva, no dudes en volver al Capítulo 8 de este libro.

Recluta todos tus sentidos

Bajo el riesgo de sonar y parecer loco a la gente a tu alrededor, vas a querer reclutar el uso de todos tus sentidos mientras estás estudiando. La sobrecarga sensorial es una forma excelente y efectiva de sumergirte por completo en lo que estás haciendo. Eso significa que si aprovechas al máximo todos tus sentidos mientras estudias, estás invirtiendo más de tu mente y energía en lo que estás haciendo. Al leer un concepto importante, intenta decirlo en voz alta para ti mismo. Incorpora gestos físicos y movimientos de mano mientras resaltas puntos importantes. Estas técnicas pueden ayudar en tu habilidad para retener y recordar información.

Encuentra un compañero de estudio

El aprendizaje colaborativo siempre resultará ser un método más eficiente de aprendizaje en comparación con el estudio en solitario. Según Career Step, una plataforma en línea para educación y entrenamiento enfocado en la carrera, tener compañeros de estudio compatibles siempre resultará ser más beneficioso para un aprendiz que estudiar solo (2014). Ben Hartman, el Director de Admisiones en Career Step, afirma que tener un compañero de estudio es una forma más enriquecedora y satisfactoria de mejorar la experiencia de aprendizaje en su totalidad. Si estás estudiando de manera intensiva, puede serte útil reclutar la ayuda de alguien que esté estudiando para el mismo examen. Pueden ayudarse a evaluarse mutuamente y la camaradería les da un impulso adicional para estudiar más duro.

Utiliza la técnica de agrupación

Intenta memorizar los primeros 10 dígitos de pi:

3.141592653

¡No tan fácil, verdad? Pero ¿qué tal si intentas segmentarlo de esta manera:

3.14 - 159 - 26 - 53

En lugar de memorizar el valor completo de pi como un todo, puedes intentar dividirlo en diferentes fragmentos para que puedas memorizarlo mejor. Esta es la técnica de memorización comúnmente conocida como ‘chunking’. Tomas un concepto grande o una idea y lo divides en fragmentos más pequeños que son más fáciles de absorber. Dividir tu plan de estudios también será menos intimidante que tener que absorber todo de una sola vez.

Recompénsate

Recompénsate de vez en cuando. Puede ser muy desalentador saber que tienes tanta información que necesitas absorber en un corto período de tiempo. Sin embargo, si te refuerzas positivamente en forma de incentivos y recompensas, puede ser muy fácil encontrar la motivación que necesitas para seguir adelante hasta que hayas terminado. Tal vez puedas recompensarte con un bocado de tu barra de chocolate por cada capítulo que termines de leer. A veces, solo necesitas incentivarte de formas simples para mantener la motivación.

Duerme un poco

Por último, vas a querer asegurarte de que duermas. No tiene sentido pasar la noche en vela si tu cerebro va a estar demasiado cansado el día del examen como para poder recordar todo lo que has estudiado a última hora. Dormir es una excelente manera de que tu mente se repare y se recupere de una sesión de estudio intensiva. Quieres que tu mente esté extremadamente alerta el día del examen. Por eso necesitas reservar tiempo para dormir.

Capítulo 15: Aprendizaje colaborativo en un entorno grupal

En pocas palabras, el aprendizaje colaborativo es una teoría de aprendizaje que propone la idea de que el aprendizaje en grupo es una metodología más eficiente que el estudio en solitario. Es un entorno de aprendizaje que fomenta esfuerzos colaborativos de varias personas que comparten un objetivo común. Es donde los estudiantes están diseñados para trabajar juntos en un esfuerzo por comprender un concepto determinado o resolver un problema compartido. Este capítulo va a profundizar en cuáles son los beneficios del aprendizaje colaborativo en comparación con otros métodos tradicionales de aprendizaje. También te informará sobre las formas adecuadas de llevar a cabo el aprendizaje colaborativo para obtener el mayor rendimiento posible de inversión.

Beneficios del Aprendizaje Colaborativo

Un sistema de aprendizaje colaborativo es aquel que fomenta el esfuerzo académico conjunto por parte de múltiples partes interesadas. Cada alumno puede tener motivaciones únicas y específicas que los impulsen a aprender o estudiar un tema en particular. Sin embargo, todos comparten los mismos objetivos en el dominio y desarrollo eventual de una habilidad o disciplina particular. Algunos de los beneficios del aprendizaje colaborativo incluyen:

Ayuda a mejorar el proceso de resolución de problemas.

El aprendizaje colaborativo se sabe que mejora la capacidad de resolución de problemas de una persona. En un entorno de aprendizaje colaborativo, los estudiantes se reúnen con un objetivo compartido que se han propuesto ellos mismos. Esto significa que estos aprendices también van a compartir desafíos, obstáculos y problemas similares en su camino hacia el logro de los objetivos que tienen. Cuando hay una mayor colaboración en la discusión, análisis y enfoque hacia la resolución de estos problemas, ayuda a desarrollar la capacidad individual para superar la adversidad y los desafíos también. Muchas veces, los aprendices solitarios pueden sentirse derrotados y desanimados al tener que enfrentar la adversidad, pero con el poder de un grupo detrás de ellos, puede ser más fácil sentir confianza para abordar ciertos problemas y cuestiones.

Induce una forma superior de pensamiento crítico.

Siempre habrá una presión mayor para analizar, deconstruir, clarificar o reforzar ciertos temas y materias cuando te encuentres en un entorno de aprendizaje colaborativo. Tus sentidos siempre estarán más agudizados y sobrecargados debido a la mayor estimulación causada por tus compañeros de aprendizaje. Esto significa que terminarías prestando más atención y poniendo más esfuerzo en el análisis de los temas discutidos. Ya estás preparando tus sentidos para participar en niveles intensos de pensamiento crítico y análisis siempre que haya un componente grupal en ello.

Mejora las habilidades sociales de una persona

El aprendizaje solitario está bien, especialmente si las personas pueden encontrar un éxito sustancial en él. Sin embargo, hay una habilidad valiosa de la que uno típicamente es privado cuando se dedica solo al aprendizaje solitario en comparación con el aprendizaje colaborativo: el desarrollo social. En la vida, no se puede escapar del valor de haber desarrollado habilidades sociales. Por eso, el aprendizaje colaborativo es un enfoque más integral para aprender o dominar cierto tema o campo. Nunca niega el aspecto social del aprendizaje, y por lo tanto resulta siendo un enfoque más completo para el aprendizaje en su totalidad.

Fomenta la responsabilidad en el aprendizaje.

Mantenerse responsable de tu aprendizaje no siempre va a ser tan convincente como cuando otras personas te hacen responsable. Puedes establecer una fecha límite para aprender a tocar la guitarra por tu cuenta, pero es muy fácil simplemente abandonar esa fecha límite cuando la única persona a la que le rindes cuentas eres tú mismo. Al final del día, solo terminas decepcionándote a ti mismo, y es muy fácil reiniciar tus esfuerzos con mínimas consecuencias. Sin embargo, es una historia completamente diferente cuando otras personas te hacen responsable.

Digamos que eres un miembro de una banda, y a todos se les asigna la tarea de aprender a tocar una canción en particular con sus propios instrumentos específicos. Este es un entorno de aprendizaje colaborativo donde todos comparten un objetivo unificado de desarrollar su habilidad y maestría para una canción en particular. Si fallas en hacer tu parte, entonces esencialmente estás decepcionando e invalidando los esfuerzos de tus compañeros de banda en el proceso. Tener un grupo de personas que te hagan responsable de tus esfuerzos puede ser muy efectivo para motivarte a esforzarte más en tu práctica.

Desarrolla las habilidades de comunicación de una persona.

Muchas veces, tu dominio de un cierto concepto o idea es tan bueno como tu habilidad para comunicarlo a otras personas de manera efectiva. No tiene sentido que domines el arte del liderazgo empresarial y la gestión organizativa si no eres capaz de comunicar estos puntos a las personas que más se beneficiarían de ello. Por eso, el desarrollo de tus habilidades de comunicación va a ser tan importante como tu dominio en conceptos complejos y temas especializados. Cuando te ves obligado a aprender una disciplina en el contexto de un grupo, también te verás obligado a desarrollar tus habilidades de comunicación. Este será un aspecto de tu aprendizaje que no podrás permitirte descuidar.

Fomenta la diversidad y la mente abierta.

Una de las cualidades más importantes que una persona necesita desarrollar para maximizar su capacidad de aprendizaje es la mente abierta. Esta es una cualidad que se enfatiza y ocupa un lugar central en un entorno de aprendizaje colaborativo. Cuando estudias por tu cuenta, solo tienes tu propia perspectiva y comprensión con la que trabajar. Si estás trabajando dentro de los límites de un grupo, tienes el lujo de poder consultar las comprensiones y perspectivas de otras personas para afilar aún más tu propia comprensión de un tema.

Acelera el aprendizaje.

Ese es el punto entero de este libro, ¿no es así? Se trata de acelerar el aprendizaje de uno, y eso es exactamente lo que el aprendizaje colaborativo podría regalar a sus alumnos. Muchas veces, los estudiantes solitarios pueden encontrar algunos bloqueos mentales e obstáculos intelectuales que pueden ralentizarlos y dificultar su progreso. Es posible que ya hayas encontrado este problema en el pasado con tus propias experiencias de estudio. Te encuentras leyendo un segmento de un libro de texto una y otra vez porque no puedes entenderlo. Si estás estudiando como parte de un grupo, es probable que haya alguien dentro de tu grupo que tenga mejor comprensión de un concepto. Entonces podrían ayudarte a comprender algo mejor, y minimizaría los efectos negativos de experimentar bloqueos mentales.

Al mismo tiempo, si sabes que tienes un buen entendimiento de un tema complejo con el que otra persona del grupo está luchando, tendrás la oportunidad de reforzar aún más tu comprensión de ese tema al explicárselo a tu compañero de estudio. De cualquier manera, puedes beneficiarte enormemente al poder colaborar con otra persona mientras estudias o dominas una nueva disciplina.

Capítulo 16: Sonidos binaurales para estudiar de forma efectiva

Piensa en las muchas veces en tu vida en las que te sentaste en un escritorio listo para trabajar y aprender algo nuevo. Abres la página de un libro de texto o entras a un sitio web con materiales de recursos valiosos. Un par de líneas después, todo va bien, pero luego, de repente, tu mente se desvía aleatoriamente hacia pensamientos e ideas diferentes que no tienen nada que ver con lo que estás tratando de aprender y estudiar en absoluto. Todo esto te confunde, y te sientes frustrado contigo mismo. Intentas seguir adelante y lees la página entera de principio a fin. ¿Qué tienes que mostrar? Nada. No recuerdas ni entiendes absolutamente nada. Así que te encuentras empezando desde el principio.

¿Nunca te has preguntado por qué te sucede esto? ¿Nunca has pensado por qué tu cerebro simplemente se niega a cooperar a veces? Bueno, la respuesta es bastante simple y directa. La razón por la que encuentras que tu mente se aleja a lugares a los que no quieres ir es porque no la has preparado para el aprendizaje enfocado.

Piensa en tu mente como la caja de cambios de un coche. Puedes poner tu mente en neutral, en drive, en park, o en reverse. Si quieres que tu mente se enfoque en una tarea específica, es importante que primero puedas ponerla en el cambio correcto. Al igual que un coche, tu mente necesita estar en el cambio adecuado para poder hacer lo que deseas que haga. No puedes esperar que tu coche avance si pones el cambio en neutral. Es exactamente la misma situación con tu mente. No puedes esperar que tu mente se enfoque en aprender si está atrapada en divagaciones y exploración.

Entonces, ¿cómo exactamente pones tu mente en la marcha correcta? No es como si hubiera un botón en particular que puedas presionar para ponerlo en modo de aprendizaje, ¿verdad? Bueno, resulta que muy bien puede haberlo.

Aquí es donde entra en juego el concepto de los tonos binaurales. Este capítulo se va a centrar en cómo los tonos binaurales pueden ayudar a poner tu mente en el espacio mental adecuado para aprender de manera eficiente y efectiva. Sin embargo, antes de que podamos hacer eso, es importante que primero adquieras una comprensión simple de cómo funciona tu cerebro.

La Mecánica de la Mente

Necesitas ser capaz de pensar en tu cerebro como una máquina muy compleja que está compuesta por una red muy complicada de células que se conocen como neuronas. Las neuronas en tu cerebro son principalmente responsables de transmitir datos e información hacia y desde las diferentes partes de tu cerebro. Cuando tus neuronas funcionan correctamente, producen un cierto nivel de energía eléctrica dependiendo de la etapa de su actividad.

Cuando tu cerebro está funcionando a pleno rendimiento y se vuelve hiperactivo, emerge en lo que se llama estado

Beta. Esto es cuando tus neuronas muestran altos niveles de actividad. Gradualmente, a medida que los niveles de actividad en tu cerebro disminuyen y tus neuronas están más calmadas, tu cerebro entra en su estado Alfa. Por último, cuando el cerebro se apaga en un modo de baja función, como el que entra cuando te quedas dormido, se le llama estado Delta.

Esa es la extensión de tu comprensión requerida de las funciones craneales para que entiendas cómo funcionan los beats binaurales. Solo debes saber que tu cerebro no aprende bien cuando está en su estado hiperactivo o Beta. También es virtualmente incapaz de absorber información cuando está en su estado de baja potencia o Delta. Tu cerebro está más preparado para el aprendizaje cuando entra en su estado Alfa.

Los binaurales son básicamente una herramienta que puedes usar para inducir a tu cerebro a entrar en un estado Alfa.

Los impedimentos de enfoque

¿Por qué es que a menudo encuentras tu cerebro en un estado Beta y cómo lo transicionas hacia un estado Alfa en su lugar? Bueno, hay muchos determinantes que influyen en si tu cerebro está en un estado Beta o no. Sin embargo, en última instancia, la respuesta radica en el nivel de estrés y ansiedad que tienes en tu vida. Cuanto más ansioso te sientes en un momento dado, más estás alimentando el estado Beta de tu cerebro. Por eso siempre te resulta mucho más difícil concentrarte en tus estudios o aprendizaje cuando estás en un estado de ansiedad o estrés. Tu cerebro está en un estado hiperactivo y eso puede hacer que sea desafiante para que la nueva información sea absorbida y almacenada.

Poner tu cerebro en un estado Beta va a requerir mucha energía, y por eso tu cerebro puede sentirse realmente agotado cada vez que te sientes estresado y abrumado por las cosas que están sucediendo en tu vida. Puede que estés sentado en una silla cómoda, pero si te sientes estresado, puede dejarte sintiéndote físicamente cansado y agotado. Para poder concentrarte realmente en una tarea a mano, tienes que ser capaz de inducir un estado Alfa en tu cerebro. Pero, ¿cómo hacerlo?

Llegando a Alfa a través de los Binaurales.

Va a ser difícil para cualquiera lograr un estado mental de Alfa dejado a sus propios dispositivos. El desafío de alcanzar Alfa solo se intensifica cuando sientes una inmensa cantidad de estrés o presión en tu vida. Sin embargo, resulta que hay una solución realmente simple para aliviar ese estrés y presión en tu vida hacia Alfa de forma rápida y fácil: la música.

Las ondas binaurales son básicamente pulsaciones imaginarias que son percibidas por tu cerebro cada vez que se ve obligado a comprender dos frecuencias diferentes que se están insertando en cada oído. Las ondas binaurales son más efectivas cuando el usuario o aprendiz lleva auriculares estéreo.

Si un oído está siendo alimentado con una frecuencia de sonido de 110hz y el otro oído está siendo alimentado con una frecuencia de 100hz, entonces el cerebro instintivamente va a crear un sonido artificial de 10hz para compensar la diferencia. Para sentir los efectos completos de los binaurales, vas a querer escuchar dos frecuencias separadas con una diferencia de alrededor de 8hz-12hz. Cuando te involucras en escuchar binaurales, tu cerebro lentamente transita hacia un estado de Alfa y se prepara para enfocarse en una tarea específica.

La Ciencia y Sensación de Escuchar Ritmos Binaurales

Según un estudio publicado en la revista Frontiers of Psychiatry, los beats binaurales pueden tener efectos dramáticos en las habilidades cognitivas y analíticas de una persona (Chaieb, Wilpert, Reber, & Fell, 2015). Cuando se utilizan beats binaurales, el cerebro automáticamente se enfoca y concentra. Ayuda a calmar los nervios y las ansiedades, fortaleciendo así la capacidad del cerebro para entretener y absorber nueva información. Induce un estado de calma en la mente que es suficiente para cultivar un estado propicio para el aprendizaje sin causar somnolencia. Actividades como la meditación o el yoga también se sabe que inducen un estado Alpha en el cerebro.

Sin embargo, es importante tener en cuenta que el uso de los binaurales para enfoque y concentración es más efectivo cuando se usan auriculares estéreo que pueden cancelar o bloquear el ruido externo. Es absolutamente esencial que cada oído pueda distinguir la diferencia en la frecuencia del sonido que se está alimentando en cada uno de ellos.

También podría ser importante tener en cuenta que las

personas que son epilépticas o están embarazadas deben consultar primero a un médico antes de participar en la meditación o escucha de los tonos binaurales. Escuchar los tonos binaurales es una actividad típicamente segura, sin embargo, puede posiblemente inducir convulsiones en personas que son epilépticas.

Hay una amplia disponibilidad de batidos binaurales en varias plataformas de medios como YouTube o Spotify. Son bastante simples de producir y realmente no requieren mucha análisis o atención. Es tan simple como ponerte los auriculares y presionar play. Boom. Enfoque instantáneo.

Capítulo 17: Tarjetas de estudio efectivas.

Ves esta herramienta de estudio todo el tiempo en programas de televisión y películas que representan montajes de niños estudiando para pruebas y exámenes. Es una herramienta muy común que es ampliamente utilizada por personas de todo el mundo, independientemente de su cultura, origen o materia. Todo tipo de personas, desde una niña pequeña estudiando para su examen de matemáticas de tercer grado hasta el CEO de alto poder preparándose para una gran presentación ante el consejo, hacen uso de esta antigua herramienta para estudiar y recordar: la tarjeta didáctica.

Las tarjetas didácticas son una herramienta relativamente simple, y sin embargo, son increíblemente efectivas para ayudar a las personas a lograr algo llamado 'recuperación activa' - una herramienta o práctica común que acelera el aprendizaje. Este capítulo va a resaltar lo efectivas que pueden ser las tarjetas didácticas para promover un aprendizaje acelerado, mientras también desarrolla tu comprensión de cómo puedes utilizarlas mejor en tus esfuerzos de estudio.

El sistema de tarjetas de memoria es relativamente sencillo de entender. En un lado de la tarjeta, colocas una pregunta importante que esté relacionada con lo que estás estudiando. En el lado opuesto de esa misma tarjeta, debes colocar tu respuesta. El uso de las tarjetas de memoria es una forma transformadora de evaluarte a ti mismo mientras te familiarizas con el material de estudio al mismo tiempo.

Errores comunes al usar tarjetas de memoria.

A pesar de la simplicidad y popularidad de las tarjetas de memoria, todavía hay muchas personas que son culpables de usarlas de manera ineficaz. Es cierto que no hay una forma "incorrecta" de usar una tarjeta de memoria. Si funciona, entonces funciona. Sin embargo, hay sin duda algunas prácticas recomendables que promueven de manera más efectiva la eficiencia en la recuperación activa al usar tarjetas de memoria. Aquí hay algunos errores comunes que la mayoría de las personas tienden a cometer al incorporar tarjetas de memoria en sus rutinas de estudio:

- Creando tarjetas didácticas diseñadas únicamente para inducir aprendizaje mecánico.

- Creando tarjetas didácticas que inducen el reconocimiento en lugar de un recuerdo genuino.

- Haciendo uso de fichas incluso cuando la materia requiere un enfoque diferente

Las mejores maneras de usar las tarjetas didácticas

Estudiar mientras se hace uso de tarjetas de memoria es algo que es una decisión que tomas por tu cuenta. Por lo tanto, sería una tontería tratar de imponerte todas estas reglas y pautas si sientes que en realidad no te ayudarán. Sin embargo, no estaría de más que abrieras un poco tu mente a la idea de usar estas técnicas confiables para aumentar tu capacidad de aprendizaje utilizando tarjetas de memoria.

Haz tus propias tarjetas de memoria desde cero.

Una regla básica para estudiar es que siempre debes sumergirte profundamente en el material que estás aprendiendo tanto como sea posible. Esto significa que sería mucho más efectivo que realmente te tomes el tiempo para crear tus propias tarjetas de memoria desde cero en lugar de recurrir a usar las tarjetas de memoria de otra persona para estudiar. La inversión mental y emocional que pones en crear tus tarjetas de memoria definitivamente ayudará a promover el pensamiento crítico, la comprensión y la comprensión.

Incorpora imágenes en tus tarjetas de estudio.

Si eres un estudiante más visual que se estimula mejor

con imágenes y fotos, entonces no temas incorporar imágenes en tus tarjetas de memoria. Siempre se recomienda que seas creativo en la forma en que diseñes y estructures tus tarjetas. A veces, el uso de imágenes creativas puede hacer que una idea o un concepto sean mucho más memorables y distintos.

Haz uso de dispositivos mnemotécnicos.

La idea de los dispositivos mnemotécnicos ya ha sido explicada en un capítulo anterior de este libro electrónico. No tengas miedo de incorporar esta técnica de estudio en la formación de tus fichas también. Este es un ejemplo perfecto de poder incorporar creativamente dos técnicas de aprendizaje diferentes en una sola metodología.

Mantente en un punto por tarjeta

No quieres sobrecargar tu mente con tarjetas de memoria. El objetivo principal de las tarjetas de memoria como metodología es promover la comprensión a través de la pura repetición y la recordación genuina. Puede ser muy difícil recordar la información en una tarjeta de memoria cuando está llena de demasiados conceptos e ideas. Mantente sólo con una pregunta y respuesta en cada tarjeta de memoria para que no termines sobrecargando tus sentidos.

Divida ideas complicadas en varias tarjetas.

Similar al punto anterior en esta lista, es importante que

no sobrecargues tus sentidos con la cantidad de información que colocas en una sola tarjeta. Por eso, si te encuentras con un tema difícil o desafiante que es demasiado complejo, podría ser una buena idea dividirlo en preguntas separadas aptas para tarjetas separadas.

Habla en voz alta mientras estudias.

Aunque no quieras sobrecargar tus sentidos mientras estudias hasta el punto en que comprometas tu capacidad de comprensión, aún querrás reclutar todos tus sentidos para promover el enfoque y la concentración. Por eso realmente ayuda decir las cosas en voz alta mientras estudias en lugar de solo pensar en estas ideas y conceptos en tu mente. Utilizar esta técnica puede ayudar enormemente en la memorización y recuerdo.

Estudia tus tarjetas de memoria de forma no lineal.

Es probable que a lo largo de tu proceso de estudio, no solo vayas a repasar tus tarjetas didácticas en una sola ronda. Las tarjetas didácticas se utilizan mejor de acuerdo con el principio de Repetición Espaciada. Pero esto es algo que se ampliará más en el próximo capítulo. Por ahora, solo quieres asegurarte de que cuando repitas tu ronda de tarjetas didácticas, lo hagas en un orden diferente. Agregar un sentido de espontaneidad en la forma en que estudias tus tarjetas didácticas reforzará el recuerdo genuino en lugar de la memorización y reconocimiento falso.

Explora otros métodos de aprendizaje acelerado.

No trates las tarjetas de memoria como si fueran la única forma aceptable de aprender y estudiar. Sí, pueden ser herramientas muy efectivas. Sin embargo, solo porque sea una metodología que ha demostrado su efectividad en el pasado, no significa que siempre vaya a ser efectiva en cada situación de estudio en la que te encuentres. De hecho, las tarjetas de memoria se pueden utilizar como un gran complemento a otros métodos de aprendizaje transformadores. Siempre es bueno poder probar diferentes cosas y ver qué funciona mejor para escenarios específicos. Por eso este libro electrónico es un excelente recurso para ti, porque te ofrece algunas alternativas al aprendizaje acelerado que pueden complementarse con otros métodos de estudio. No hay un método específico que vaya a ser el mejor para cada situación.

Capítulo 18: Un caso para la repetición espaciada

¿Cuál es la razón por la que quieres aprender más sobre técnicas de aprendizaje acelerado en primer lugar? Quieres ahorrar tiempo. Esa es esencialmente la esencia de tu motivación, ¿cierto? Valoras tu tiempo como persona y siempre quieres aprovecharlo al máximo. Desafortunadamente, los métodos tradicionales de estudio van a requerir mucho tiempo y esfuerzo, y es posible que no den los resultados más satisfactorios. Sabes que tienes que dedicar x cantidad de horas a estudiar un tema en particular para dominarlo por completo, pero solo tienes tantas horas en un día. Este esencialmente es el problema que la repetición espaciada busca resolver.

En lugar de estudiar durante cinco horas seguidas en un solo día, quizás deberías intentar estudiar durante una hora cada día durante cinco días seguidos. Notarás que este último método de estudio te va a proporcionar mejores resultados, y será mucho más fácil de manejar en tu ajetreado horario. Esta forma de estudio es precisamente lo que llamarías 'repetición espaciada'. Este capítulo va a tocar por qué la repetición espaciada es un modo tan efectivo de aprendizaje, y también va a adentrarse más en cómo puedes aprovecharlo al máximo para acelerar tu propio proceso de aprendizaje personal.

Cómo construir un muro resistente

Piensa en el aprendizaje como si estuvieras construyendo una pared para una casa con un montón de ladrillos. Primero comienzas con la capa base de ladrillos. Cuidadosamente cementas cada ladrillo al suelo mientras los colocas uno al lado del otro hasta que toda la primera capa de la pared esté completa. Luego, debes esperar a que el cemento se solidifique, y luego empiezas a apilar la segunda capa de ladrillos en la pared. Cuando hayas terminado con eso, esperas a que el cemento se solidifique, y luego repites el proceso hasta que hayas terminado con toda la fachada.

La repetición espaciada es esencialmente como construir una pared de ladrillos. No es simplemente apilar capas de ladrillos unas sobre otras sin parar. Siempre tiene que haber pausas intermedias para permitir que el cemento y los ladrillos se asienten y se solidifiquen. Así es exactamente como funciona la mente. Sería muy ineficaz tratar de procesar grandes cantidades de información en un período prolongado sin detenerse. Lo que debes hacer es manejar tu ritmo apropiadamente. Breves ráfagas consistentes de aprendizaje y estudio serían mucho mejores que una sola sesión maratónica de lectura. Esa es básicamente la esencia detrás del método de repetición espaciada de aprendizaje. No se trata de un esfuerzo prolongado y tedioso para construir las cuatro paredes de una habitación en un solo día. Son ráfagas cortas y repetitivas de pequeños esfuerzos que puedes dar de forma consistente para garantizar la integridad de la base de la habitación.

Los Mejores Intervalos para la Repetición Espaciada

No estás simplemente contento con entender la idea de tener que espaciar las sesiones de estudio y aprendizaje que tienes. Quieres saber CÓMO debes espaciarlas. Quieres llegar a los aspectos más minuciosos. Como dicen, el diablo está en los detalles después de todo. Sabes que dado que los científicos e investigadores han demostrado la eficacia de la repetición espaciada como concepto, entonces deben existir intervalos óptimos de espaciado en los que las personas puedan participar para maximizar su aprendizaje. Si realmente piensas eso, entonces estarías en lo correcto. ¿Ves lo inteligente que eres ya? Ni siquiera hemos terminado este libro electrónico completo aún.

Fue Piotr Wozniak, el co-fundador del software de aprendizaje y desarrollo SuperMemo, quien dedicó la mayor parte de su vida profesional a descubrir los intervalos de espaciado ideales para maximizar los efectos positivos de la metodología de repetición espaciada. Fue su investigación en el campo de la repetición espaciada la que finalmente lo llevó a crear el algoritmo que más tarde serviría como base para su software de aprendizaje SuperMemo. No intentaremos profundizar en los entresijos de su algoritmo, pero para darle una buena idea de lo que sugirió su investigación, esto fue lo que encontró:

La primera repetición debería realizarse después de un día de la sesión de estudio inicial. La segunda repetición debería ocurrir 7 días después de eso. La tercera repetición debería tener lugar 16 días después de eso. Y la repetición final de estudio debería tener lugar 35 días después de eso.

Y aunque estos son los hallazgos de Wozniak, no necesariamente tienes que ser tan estricto siguiendo este formato específico. Obviamente, aún puedes ajustar dependiendo de tus necesidades y objetivos personales. Su investigación simplemente te ofrece una mejor visión de cómo podrías estructurar tus propios intervalos de repetición mientras te embarcas en tu camino hacia el aprendizaje.

Usando tarjetas de memoria para la repetición espaciada.

Recuerda cómo en el capítulo anterior hablamos sobre la utilidad y efectividad de la tradicional tarjeta de memoria como herramienta para el aprendizaje? Bueno, hay una manera de integrar la metodología de repetición espaciada en el método de las tarjetas de memoria para optimizar realmente el aprendizaje para ambas pedagogías. Por supuesto, habrá varias formas en las que podrías ejecutar tu programa de aprendizaje con repetición espaciada con el uso de tarjetas de memoria. Sin embargo, para los propósitos de este eBook, nos vamos a centrar en el más simple y fácil de entender: el sistema de Leitner.

Para entender cómo funciona realmente el sistema Leitner, imagina que has preparado un conjunto de tarjetas que contienen varias preguntas y puntos importantes que están relacionados con el tema principal que necesitas estudiar para un examen o una presentación. Después de preparar tus tarjetas, querrás preparar alrededor de 5 paquetes o cajas diferentes. El número de cajas puede variar dependiendo de la cantidad de tiempo que tengas para prepararte para una prueba o la cantidad de tarjetas que puedas tener. Para el propósito de este ejemplo, digamos que has decidido tener 5 cajas.

Para comenzar a estudiar con el sistema Leitner, coloca todas las tarjetas que tengas en la Caja 1 y pasa por una ronda de pruebas. Por cada tarjeta en la que respondas correctamente, transfierela a la Caja 2. Cada tarjeta en la que te equivoques tendrá que permanecer en la Caja 1. Este es un proceso que querrás seguir hasta llegar a la quinta y última caja. Por cada tarjeta que aciertes, debes avanzarla a la próxima caja. Sin embargo, por cada tarjeta que falles, debes devolverla a la Caja 1 independientemente de en qué caja estuviera cuando la respondiste mal. Ahora que entiendes la mecánica de las cajas y transferencias de tarjetas, es hora de determinar los intervalos correctos de repetición espaciada para las cajas.

La caja 1 es una caja con la que querrás probarte a ti mismo cada día. La caja 2 debería ser probada cada dos días. La caja 3 debería ser probada una vez a la semana. La caja 4 debería ser probada cada cuatro semanas. Por último, la caja 5 debería ser estudiada en la última semana de preparación para los exámenes.

Conclusión

Al final del día, el aprendizaje será siempre una conquista de por vida. Es algo que querrás tomar en serio mientras vivas. La persona que cree que lo sabe todo es la persona que finalmente se quedará rezagada por aquellos que aceptan que todavía hay mucho por aprender en la vida. Permite que tus curiosidades te impulsen y te lleven hacia adelante. Está bien aceptar que todavía no lo sabes todo. Está bien admitir que eres ignorante en algo. La autoconciencia es clave para el crecimiento de cualquier persona. Cuanto más consciente seas de cuánto no sabes, mayor será tu potencial de conocimiento y desarrollo como ser humano.

Todos aprendemos de manera diferente. Algunos de nosotros aprendemos con más ayuda visual, y algunos de nosotros preferirán la ayuda auditiva. Algunos de nosotros lograrán absorber el conocimiento de un libro de texto completo en un día, y para algunos de nosotros, llevará un poco más de tiempo. Todo depende de la personalidad de un ser humano y su enfoque en el aprendizaje en general. Pero en última instancia, los objetivos siguen siendo los mismos. Todo es en busca de conocimiento, sabiduría y perspectiva. Se trata de mejorar la comprensión del mundo que nos rodea. Realmente se trata de expandir la mente para poder dar cabida a la vastedad de información en el universo.

Aprender es un proceso que tendrás que emprender sin importar dónde te encuentres en la vida. Durante tus años formativos, estás obligado a aprender los principios básicos y fundamentos de lo que significa ser un ser humano en este mundo. A medida que avanzas en tus años escolares, estás obligado a aprender temas que pueden ser un poco más complejos pero te ayudarán a prepararte para la vida adulta. Una vez que estés comenzando en tu carrera, tendrás que aprender ciertos conceptos especializados para ayudarte a avanzar en tu campo. Cuando estés pensando en formar una familia, tendrás que aprender la dinámica de criar un hijo y mantener un hogar. Aprender es un viaje muy personal en el que te embarcas hasta que llegue tu tiempo en este mundo.

Ya es un hecho dado que el tiempo que tienes en este mundo es limitado. El tiempo no es algo que se pueda pedir prestado, extender o negociar. Por eso debemos todos asegurarnos de siempre sacar el máximo provecho del tiempo que tenemos en este mundo. Si desperdiciamos nuestro tiempo con métodos de aprendizaje obsoletos, ineficaces e ineficientes, entonces nos estamos privando del tiempo que podríamos estar utilizando para hacer otras cosas en la vida como participar en actividades recreativas o vincularnos con las personas que amamos.

Entonces, si tienes la oportunidad de mejorar y optimizar la forma en que abordas el aprendizaje, entonces siempre deberías considerarlo como mínimo. Siempre quieres estar abierto a nuevas ideas y nuevas perspectivas sobre cómo puedes llevar a cabo tus procesos diarios, especialmente uno tan fundamental como el aprendizaje. El aprendizaje acelerado te ofrece la oportunidad de optimizar la manera en que recopilas, analizas, entiendes y retienes información valiosa sin tener que exigir demasiado de tu tiempo o energía. La vida es multifacética después de todo, y nunca se debe vivir con solo una faceta estando siempre en primer plano. No siempre tienes que dedicar toda tu vida al aprendizaje serio y estudiar todo el tiempo. Pero si logras integrar metodologías de aprendizaje optimizadas en la forma en que llevas a cabo la vida en su conjunto, entonces realmente no tendrá que sentirse como trabajo en absoluto. Lo mejor de los métodos de aprendizaje acelerado es que están diseñados para sentirse naturales y orgánicos. Una vez que seas capaz de adoptar una técnica en la forma en que analizas las cosas, se convierte en una parte de quién eres y cómo abordas nuevos conceptos e ideas.

El aprendizaje no es una empresa que deba reservarse únicamente para los ricos, élite y privilegiados sobresalientes del mundo. El aprendizaje es algo a lo que todos siempre deberían poder tener acceso, independientemente de cuál sea su origen. Con una gran cantidad de técnicas de aprendizaje acelerado disponibles, es casi imposible que alguien no pueda encontrar una que se adapte a sus propios gustos personales, preferencias y metas.

Con suerte, este libro habrá proporcionado una perspectiva valiosa sobre la forma en que podrías abordar el aprendizaje y la comprensión. Eres un ser humano y tienes sueños, y al igual que todos los demás, te has fijado metas para ti mismo. Hay ciertas cosas en esta vida que buscas lograr, y entiendes que el camino hacia el éxito no está pavimentado para ser fácil. Sabes que hay muchas cosas que necesitas aprender para crecer y prepararte para los desafíos que están por venir. No debes permitir que las discapacidades de aprendizaje o los métodos de aprendizaje ineficaces te alejen de tus metas y sueños. Aprovecha las técnicas de aprendizaje acelerado que se te han presentado. Solo tienes una vida para vivir, y quieres asegurarte de maximizarla al máximo de tus capacidades.

www.ingramcontent.com/pod-product-compliance
Lightning Source LLC
Chambersburg PA
CBHW072057110526
44590CB00018B/3217